文例・事例でわかる 介護予防ケアプランの書き方

個別性を引き出す**表現のヒント**

阿部 充宏 著

中央法規

━━━ はじめに ━━━

　本書を手にとっていただいた専門職のみなさんへ、【ありがとうございます】という感謝の気持ちでいっぱいです。やっとみなさんの声に応えることができました。

　ケアプランの書き方については、居宅介護支援、施設介護支援、介護予防支援いずれにしても、多くのケアマネジャーや地域包括支援センター職員から「具体的でわかりやすいことが重要」と頭ではわかっているけど、実際は難しいという声を聞いてきました。その難しさは、私自身もケアプラン点検事業や介護支援専門員資格更新研修などでも目の当たりにしてきました。このような現状と専門職の悩みに共感し、「専門職のたたき台（参考）となるような書籍」を目指し、これまでに、「居宅ケアプランの書き方（2020（令和2）年4月）」「施設ケアプランの書き方（2021（令和3）年4月）」「改訂　居宅ケアプランの書き方（2022（令和4）年8月）」「施設ケアプラン事例集（2023（令和5）年6月）」を執筆してきました。そして、2024（令和6）年4月より、指定居宅介護支援事業者が保険者から指定介護予防支援事業者の指定を受けられるようになったこのタイミングで本書を完成することができました。

　介護予防ケアプランに関して、居宅介護支援と比較し、国から示されている通知等は少ないなかで、2006（平成18）年度より要支援者のケアマネジメントを保険者（地域包括支援センター）が行うようになってからは、各保険者により、介護予防ケアプランの質を高める不断の努力がなされてきました。2024（令和6）年度に合わせて、「○○市推奨　介護予防サービス計画書の基本的な考え方と書き方」を完成させた市町村もあります。

　介護予防ケアプランの様式については、私が知る限り、多くの市区町村において、国が発出している標準様式を活用していると思いますが、保険者の独自の様式を採用している市区町村もあります。本書においては、標準様式について、改めて国から発出されている資料等を熟読・熟考しながら、2024（令和6）年のケアマネジメントの現状も考慮し、提案も含めて作成してみました。

　【書き方シリーズ】のすべてに共通していることですが、書き方は固定化するものではなく、その時代や状況、専門職の実践と努力により「進化」していくものだととらえています。1つだけ言えるとしたら、「ケアプランは利用者自身のもの。だからこそ、具体的でわかりやすいことが重要」です。本書が、専門職のみなさんの力となり、利用者のみなさんの力になれば幸いです。

2024（令和6）年6月

阿部　充宏

第 **3** 章 介護予防ケアプランの書き方と考え方

第 4 章 介護予防ケアプランの記載事例

第 **1** 章

介護予防
ケアマネジメントとは？

1 介護予防ケアマネジメントの定義

ケアマネジメントとは、「利用者の社会生活上でのニーズを充足させるため、適切な社会資源と結びつける手続きの総体」などと定義されます。時に、現場でケアマネジメントを語るとき、「予防」「居宅」「施設」というように区分けされて語られていることがあります。

しかし、**ケアマネジメントの原理・原則は、本質的に予防も居宅も施設も同様であること**を強調したいと思います。そのうえで、あえて違いを示すとしたら、対象者（利用者の状態、要支援、要介護度１〜５）や環境（自宅、施設等）、ルール（各サービスの運営基準）が異なるというものです。

なお、本書における「介護予防ケアマネジメント」とは、指定介護予防支援事業所による介護予防支援を指します（介護保険法第８条の２第16項参照）。要支援認定者に対し、予防給付によるサービスを提供する場合を想定しています。

2 介護予防の目的

介護予防の目的は以下の２点です。これらを果たすための手段の１つが「介護予防ケアマネジメント」です。

①高齢者が要介護状態になることをできる限り防ぐこと
　高齢者一人ひとりが自分の健康増進や介護予防についての意識をもち、自ら必要な情報にアクセスするとともに、介護予防、健康の維持・増進に向けた取り組みを主体的に行う。

②要支援・要介護状態になっても状態の改善・維持・悪化の遅延を図ること
　生活上のさまざまな課題を抱える高齢者に対して適切な支援を行うことにより、要支援・要介護状態の予防やその重症化の予防、改善を図る。

3 居宅ケアマネジメントプロセスとの相違点

介護予防支援（要支援者向け）と居宅介護支援（要介護者向け）のケアマネジメントプロセスにおける違いは何でしょうか。基本的には、「ほぼ同一の内容」ですが、「介護予防支援ならでは」の内容や同じ点などを確認していきましょう。

 **アセスメント**

 **解決すべき課題の把握（アセスメント）にあたり、利用者の居宅を訪問し、利用者とその家族と面接をする**

➡ 介護予防支援も居宅介護支援も利用者の居宅を訪問して、アセスメントをする必要があります。

介護予防支援は、①運動及び移動、②家庭生活を含む日常生活、③社会参加並びに対人関係及びコミュニケーション、④健康管理の 4 つの領域が定められている

➡ 居宅介護支援では、「利用者が現に抱える問題点を明らかにする」ということを示していますが、具体的な領域などは設定されていません。介護予防支援では、この 4 つの領域ごとに利用者の抱える問題点を明らかにする必要があります。各領域において具体的に確認する内容は、表のとおりです。

●**表　4 つのアセスメント領域**

運動・移動	自ら行きたい場所へさまざまな手段を活用して、移動できるかどうか、乗り物を操作する、歩く、走る、昇降する、さまざまな交通を用いることによる移動を行えているかどうかについて確認する。
日常生活（家庭生活）	家事（買い物・調理・掃除・洗濯・ゴミ捨て等）や住居・経済の管理、花木やペットの世話などを行っているかについて確認する。
社会参加、対人関係・コミュニケーション	状況に見合った適切な方法で、人々と交流しているか。また、家族、近隣の人との人間関係が保たれているかどうか。仕事やボランティア活動、老人クラブや町内会行事への参加状況や、家族内や近隣における役割の有無などの内容や程度はどうかについて確認する。
健康管理	清潔・整容・口腔ケアや、服薬、定期受診が行えているかどうか。また、飲酒や喫煙のコントロール、食事や運動、休養など健康管理の観点から必要と思われた場合、この領域でアセスメントする。特に、高齢者の体調に影響する、食事・水分・排泄の状況については、回数や量などを具体的に確認する。

出典：厚生労働省「介護予防支援業務に係る関連様式例の提示について」（平成 18 年 3 月 31 日老振発第 0331009 号）

居宅介護支援運営基準 （指定居宅介護支援等の事業の人員及び運営に関する基準）	介護予防支援運営基準 （指定介護予防支援等の事業の人員及び運営並びに指定介護予防支援等に係る介護予防のための効果的な支援の方法に関する基準）
第13条 6　介護支援専門員は、居宅サービス計画の作成に当たっては、適切な方法により、利用者について、その有する能力、既に提供を受けている指定居宅サービス等のその置かれている環境等の評価を通じて利用者が現に抱える問題点を明らかにし、利用者が自立した日常生活を営むことができるように支援する上で解決すべき課題を把握しなければならない。 7　介護支援専門員は、前号に規定する解決すべき課題の把握（以下「アセスメント」という。）に当たっては、利用者の居宅を訪問し、利用者及びその家族に面接して行わなければならない。この場合において、介護支援専門員は、面接の趣旨を利用者及びその家族に対して十分に説明し、理解を得なければならない。	**第30条** 6　担当職員は、介護予防サービス計画の作成に当たっては、適切な方法により、利用者について、その有している生活機能や健康状態、その置かれている環境等を把握した上で、次に掲げる各領域ごとに利用者の日常生活の状況を把握し、利用者及び家族の意欲及び意向を踏まえて、生活機能の低下の原因を含む利用者が現に抱える問題点を明らかにするとともに、介護予防の効果を最大限に発揮し、利用者が自立した日常生活を営むことができるように支援すべき総合的な課題を把握しなければならない。 イ　運動及び移動 ロ　家庭生活を含む日常生活 ハ　社会参加並びに対人関係及びコミュニケーション ニ　健康管理 7　担当職員は、前号に規定する解決すべき課題の把握（以下「アセスメント」という。）に当たっては、利用者の居宅を訪問し、利用者及びその家族に面接して行わなければならない。この場合において、担当職員は、面接の趣旨を利用者及びその家族に対して十分に説明し、理解を得なければならない。

　ケアプラン作成

同じ
トコロ　ケアプラン原案を作成する必要がある

➡　介護予防支援も居宅介護支援も、アセスメント後は、ケアプラン原案を作成する必要があります。

 **違うトコロ** ケアプランに記載する項目が異なる

➡️ 介護予防支援では「**利用者が目標とする生活、専門的観点からの目標と具体策、利用者及びその家族の意向、それらを踏まえた具体的な目標、その目標を達成するための支援の留意点、本人、指定介護予防サービス事業者、自発的な活動によるサービスを提供する者等が目標を達成するために行うべき支援内容並びにその期間等**」を記載するのに対し、居宅介護支援では、「**利用者及びその家族の生活に対する意向、総合的な援助の方針、生活全般の解決すべき課題、提供されるサービスの目標及びその達成時期、サービスの種類、内容及び利用料並びにサービスを提供する上での留意事項等**」を記載します。

居宅介護支援運営基準	介護予防支援運営基準
第 13 条 8　介護支援専門員は、利用者の希望及び利用者についてのアセスメントの結果に基づき、利用者の家族の希望及び当該地域における指定居宅サービス等が提供される体制を勘案して、当該アセスメントにより把握された解決すべき課題に対応するための最も適切なサービスの組合せについて検討し、**利用者及びその家族の生活に対する意向、総合的な援助の方針、生活全般の解決すべき課題、提供されるサービスの目標及びその達成時期、サービスの種類、内容及び利用料並びにサービスを提供する上での留意事項等**を記載した**居宅サービス計画の原案**を作成しなければならない。	**第 30 条** 8　担当職員は、利用者の希望及び利用者についてのアセスメントの結果、**利用者が目標とする生活、専門的観点からの目標と具体策、利用者及びその家族の意向、それらを踏まえた具体的な目標、その目標を達成するための支援の留意点、本人、指定介護予防サービス事業者、自発的な活動によるサービスを提供する者等が目標を達成するために行うべき支援内容並びにその期間等**を記載した**介護予防サービス計画の原案**を作成しなければならない。

 **サービス担当者会議**

 **サービス担当者会議を開催する必要がある**

➡ 介護予防支援も居宅介護支援もサービス担当者を招集して行う会議を開催する必要があり、**利用者とその家族も参加**することが基本とされています。

テレビ電話装置等を活用して行うこともできる

➡ 介護予防支援も居宅介護支援もテレビ電話装置等（リアルタイムでの画像を介したコミュニケーションが可能な機器）を活用できます。ただし、利用者やその家族が参加する場合、テレビ電話装置等の活用について**利用者等の同意**を得なければなりません。

△ **違うトコロ** **介護予防支援は、担当者に対する照会等により意見を求めることができる「やむを得ない理由がある場合」の具体例がない**

➡ 居宅介護支援では「**利用者（末期の悪性腫瘍の患者に限る）の心身の状況等により、主治の医師又は歯科医師の意見を勘案して必要と認める場合**」などの具体例が示されています。一方、介護予防支援では、具体例までは示されていません。そのため、「やむを得ない理由がある場合」は各保険者等で判断していく必要があるといえます。

居宅介護支援運営基準	介護予防支援運営基準
第 13 条 9　介護支援専門員は、サービス担当者会議（介護支援専門員が居宅サービス計画の作成のために、利用者及びその家族の参加を基本としつつ、居宅サービス計画の原案に位置付けた指定居宅サービス等の担当者（以下この条において「担当者」という。）を招集して行う会議（テレビ電話装置その他の情報通信機器（以下「テレビ電話装置等」という。）を活用して行うことができるものとする。ただし、利用者又はその家族（以下この号において「利用者等」という。）が参加する場合にあっては、テレビ電話装置等の活用について当該利用者等の同意を得なければならない。）をいう。以下同じ。）の開催により、利用者の状況等に関する情報を担当者と共有するとともに、当該居宅サービス計画の原案の内容について、担当者から、専門的な見地からの意見を求めるものとする。**ただし、利用者（末期の悪性腫瘍の患者に限る。）の心身の状況等により、主治の医師又は歯科医師（以下この条において「主治の医師等」という。）の意見を勘案して必要と認める場合その他のやむを得ない理由がある場合については、担当者に対する照会等により意見を求めることができるものとする。**	**第 30 条** 9　担当職員は、サービス担当者会議（担当職員が介護予防サービス計画の作成のために、利用者及びその家族の参加を基本としつつ、介護予防サービス計画の原案に位置付けた指定介護予防サービス等の担当者（以下この条において「担当者」という。）を招集して行う会議（テレビ電話装置等を活用して行うことができるものとする。ただし、利用者又はその家族（以下この号において「利用者等」という。）が参加する場合にあっては、テレビ電話装置等の活用について当該利用者等の同意を得なければならない。）をいう。以下同じ。）の開催により、利用者の状況等に関する情報を担当者と共有するとともに、当該介護予防サービス計画の原案の内容について、担当者から、専門的な見地からの意見を求めるものとする。ただし、やむを得ない理由がある場合については、担当者に対する照会等により意見を求めることができるものとする。

＋α　サービス担当者会議のワンポイント

①要介護（要支援）認定において、要介護（要支援）度が確定しない場合（暫定ケアプラン作成時）においても、サービス担当者会議の開催は必要です。

②「サービス担当者会議の要点」については、ケアプラン原案に対しての専門的見地（例：医師・介護福祉士・看護師・理学療法士等）からの意見をそれぞれ簡潔に記載してください。また、欠席者については、欠席者名と欠席理由および欠席者のケアプラン原案への意見を、記録しておきます。

 モニタリング

 少なくとも1か月に1回、モニタリングの記録をする必要がある

➡ 介護予防支援も居宅介護支援も1か月に1回はモニタリングの結果を記録する必要があります。なお、モニタリングの結果の記録は、2年間保存しなければなりません（記録の保存期間の設定は、保険者によって異なる場合もあります）。

△ 違うトコロ 介護予防支援は、少なくとも3か月に1回、居宅介護支援は、少なくとも1か月に1回モニタリングをする

➡ 介護予防支援のほうがモニタリングの頻度が低く設定されていますが、それは居宅介護支援よりも利用者の状況を確認しなくてよいということではありません。利用者の居宅を訪問しない月でも、サービスを提供する事業所を訪問したり、電話したりすることで、利用者と連絡をとることが規定されています。
また、介護予防支援は、**①サービスの評価期間が終了する月、②利用者の状況に著しい変化があったとき**にもモニタリングすることが規定されています。

居宅介護支援運営基準	介護予防支援運営基準
第13条 14　介護支援専門員は、第13号に規定する実施状況の把握（以下「モニタリング」という。）に当たっては、利用者及びその家族、指定居宅サービス事業者等との連絡を継続的に行うこととし、特段の事情のない限り、次に定めるところにより行わなければならない。 イ　少なくとも**1月に1回、利用者に面接すること。** ロ　イの規定による面接は、利用者の居宅を訪問することによって行うこと。ただし、次のいずれにも該当する場合であって、少なくとも2月に1回、利用者の居宅を訪問し、利用者に面接するときは、利用者の居宅を訪問しない月においては、テレビ電話装置等を活用して、利用者に面接することができる	**第30条** 16　担当職員は、第14号に規定する実施状況の把握（以下「モニタリング」という。）に当たっては、利用者及びその家族、指定介護予防サービス事業者等との連絡を継続的に行うこととし、特段の事情のない限り、次に定めるところにより行わなければならない。 イ　少なくともサービスの提供を開始する月の翌月から起算して**3月に1回、利用者に面接すること。** ロ　イの規定による面接は、利用者の居宅を訪問することによって行うこと。ただし、次のいずれにも該当する場合であって、サービスの提供を開始する月の翌月から起算して3月ごとの期間（以下この号において単に「期間」という。）について、少なくとも連続す

ものとする。

(1) テレビ電話装置等を活用して面接を行うことについて、文書により利用者の同意を得ていること。

(2) サービス担当者会議等において、次に掲げる事項について主治の医師、担当者その他の関係者の合意を得ていること。

(ⅰ) 利用者の心身の状況が安定していること。

(ⅱ) 利用者がテレビ電話装置等を活用して意思疎通を行うことができること。

(ⅲ) 介護支援専門員が、テレビ電話装置等を活用したモニタリングでは把握できない情報について、担当者から提供を受けること。

ハ　少なくとも **1 月に 1 回、モニタリングの結果を記録すること。**

る 2 期間に 1 回、利用者の居宅を訪問し、面接するときは、利用者の居宅を訪問しない期間において、テレビ電話装置等を活用して、利用者に面接することができる。

(1) テレビ電話装置等を活用して面接を行うことについて、文書により利用者の同意を得ていること。

(2) サービス担当者会議等において、次に掲げる事項について主治の医師、担当者その他の関係者の合意を得ていること。

(ⅰ) 利用者の心身の状況が安定していること。

(ⅱ) 利用者がテレビ電話装置等を活用して意思疎通を行うことができること。

(ⅲ) 担当職員が、テレビ電話装置等を活用したモニタリングでは把握できない情報について、担当者から提供を受けること。

ハ　**サービスの評価期間が終了する月及び利用者の状況に著しい変化があったときは、利用者の居宅を訪問し、利用者に面接すること。**

ニ　利用者の居宅を訪問しない月（ロただし書の規定によりテレビ電話装置等を活用して利用者に面接する月を除く。）においては、可能な限り、指定介護予防通所リハビリテーション事業所（指定介護予防サービス等基準第 117 条第 1 項に規定する指定介護予防通所リハビリテーション事業所をいう。）を訪問する等の方法により利用者に面接するよう努めるとともに、当該面接ができない場合にあっては、電話等により利用者との連絡を実施すること。

ホ　少なくとも **1 月に 1 回、モニタリングの結果を記録すること。**

4 ココが変わった！ 2024（令和 6）年 介護保険制度改正による変更点 ── 介護予防支援

1 予防支援の指定対象を拡大

　2024（令和 6）年 4 月から居宅介護支援事業所も市町村からの **「指定」** を受けて介護予防支援を実施できるようになりました。これまで居宅介護支援事業所は、地域包括支援センターからの委託を受けて、介護予防ケアマネジメントを実施していましたが、地域包括支援センターの業務負担を軽減する目的で、指定居宅介護支援事業者へも指定対象が拡大されました。これに伴い、以下の見直しが行われます。

①市町村長に対し、介護予防サービス計画の実施状況等に関して情報提供することを運営基準上義務づけることに伴う手間やコストについて評価する**新たな区分**が設けられました（介護予防支援費Ⅱ）。

②運営基準が以下のとおり、見直されました。

> ⅰ 居宅介護支援事業所が現在の体制を維持したまま円滑に指定を受けられるよう、居宅介護支援事業者が指定を受ける場合の人員の配置については、**介護支援専門員のみの配置**で事業を実施することを可能とする。
> ⅱ また、管理者を主任介護支援専門員とするとともに、管理者が他の事業所の職務に従事する場合（指定居宅介護支援事業者である指定介護予防支援事業者の場合であって、その管理する指定介護予防支援事業所の管理に支障がないときに限る。）には**兼務を可能**とする。

③居宅介護支援と同様に、特別地域加算、中山間地域等における小規模事業所加算および中山間地域等に居住する者へのサービス提供加算の対象とされました。

●**単位数・算定要件等**

〈現行〉		〈改定後〉
介護予防支援費 438 単位 なし		介護予防支援費（Ⅰ）**442** 単位 ※地域包括支援センターのみ 介護予防支援費（Ⅱ）**472** 単位 **（新設）** ※指定居宅介護支援事業者のみ

なし		**特別地域介護予防支援加算** 所定単位数の 15％を加算 **（新設）** ※別に厚生労働大臣が定める地域に所在
なし		**中山間地域等における小規模事業所加算** 所定単位数 10％を加算 **（新設）** ※別に厚生労働大臣が定める地域に所在し、 かつ別に厚生労働大臣が定める施設基準に適合
なし		**中山間地域等に居住する者へのサービス提供加算** 所定単位数の 5％を加算 **（新設）** ※別に厚生労働大臣が定める地域に居住している 利用者に対して、通常の事業の実施地域を越えて、 指定介護予防支援を行った場合

介護予防支援費（Ⅱ）のみ

●指定居宅介護支援事業者が市町村から指定を受けて、介護予防支援を行う場合

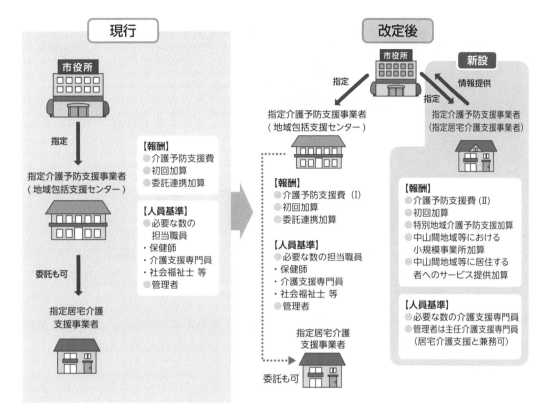

2 モニタリングのオンライン化

　人材の有効活用や指定居宅サービス事業者等との連携促進によるケアマネジメントの質の向上の観点から、以下の要件を設けたうえで、テレビ電話装置その他の情報通信機器を活用したモニタリングが可能となりました。

●テレビ電話装置等を活用したモニタリングを可能とする要件

①利用者の同意を得ること。
②サービス担当者会議等で、次の事項について主治医、サービス担当者その他の関係者の合意を得ていること。
　ⅰ　利用者の状態が安定していること（頻繁なケアプラン変更が想定されない等）。
　ⅱ　利用者がテレビ電話装置等を介して意思疎通できること（家族のサポートがある場合含む）。
　ⅲ　テレビ電話装置等を活用したモニタリングでは収集できない情報は、ほかのサービス事業者との連携で情報収集をすること（情報収集は「情報連携シート」等の様式使用を想定）。
③少なくとも 6 か月に 1 回、利用者の居宅を訪問すること。

利用者の
同意

サービス担当者
会議等での合意

● 利用者の状態が安定
している
● 利用者がテレビ電話
装置等を介して意思
疎通ができる
● ほかのサービス事業
者との連携により情
報を収集する

サービス事業者と
連携して情報収集

テレビ電話装置等
を活用した面談

オンラインでの
モニタリングが可能

3　一部の福祉用具にかかる貸与と販売の選択制の導入

　福祉用具の適時・適切な利用、利用者の安全を確保する観点から、貸与と販売の選択制が導入されました。それに伴い、以下の対応を行います。

　選択制の対象福祉用具の提供にあたっては、福祉用具専門相談員または**ケアマネジャー**が、福祉用具貸与または特定福祉用具販売のいずれかを利用者が選択できることについて、利用者等に対し、メリットおよびデメリットを含め十分説明を行うこととするとともに、利用者の選択にあたって必要な情報を提供することおよび医師や専門職の意見、利用者の身体状況等を踏まえ、提案を行うこととします。

　つまり、選択制の対象福祉用具の提供にあたり、ケアマネジャーは、次のことを行います。

・貸与と販売のいずれかを利用者が選択できることの説明
・利用者の選択にあたって必要な情報の提供
・医師や専門職の意見、利用者の身体状況等を踏まえ、提案

4　ケアプラン作成にかかる「主治の医師等」の明確化

　退院後早期に介護保険のリハビリテーションを開始することを可能とする観点から、ケアマネジャーがケアプランに通所リハビリテーション・訪問リハビリテーションを位置づける際に意見を求めることとされている「主治の医師等」に、**入院中の医療機関の医師**を含むことが明確化されました。

第 **2** 章

ケアプラン点検者が教える！

介護予防ケアマネジメントの現状と改善のためのヒント

現状 ① 覚えること・学ぶことが多岐にわたる

覚えること
いっぱい…

　介護予防支援事業所（地域包括支援センター）の職員は、ケアマネジメントやその業務内容など学ぶことが多岐にわたります。都道府県・市町村主催の研修もありますが、その頻度や時期はまちまちで、研修期間（２日程度）も十分とはいえません。そのような状況下で、主任介護支援専門員だけでなく、保健師や社会福祉士も、ほぼ未経験の状況からケアマネジメントを担っていくことになります。

　一方で、居宅介護支援事業所が地域包括支援センターの委託を受ける場合や、保険者から直接指定を受ける場合においても、介護支援専門員の実務研修では介護予防支援に関する内容が少ないため、実践のなかから学びを深める必要があります。

改善のためのヒント

　まず、地域包括支援センターでも、居宅介護支援事業所でも欠かすことができない知識は、「運営基準」です。運営基準については、居宅介護支援と介護予防支援は似ていますが細かな点が違うので、細かな点まで理解と把握が求められます。さらに、複雑化する世帯等へのケアマネジメント力を強化するという視点から虐待防止・身体拘束禁止の取り組み（学び）が求められています。以下のようなことに取り組んでみましょう。

①指定介護予防支援事業者の【運営基準】を理解できるようにする。
②ヤングケアラー・生活困窮者・障害者に対する支援も計画的に学べるようにする（専門職としての学びの拡大）。
③介護保険の全サービスで義務づけられた虐待防止のための取り組みおよび身体拘束禁止については、基礎から応用まで再確認し、利用者の人権擁護を学び、実践に結びつける。

現状
②

（市町村単位ではなく）介護予防支援事業所ごとに違うアセスメント様式

　介護予防支援事業所（地域包括支援センター）によって、アセスメント様式に差異があります。市町村によっては、統一したアセスメント様式を使用している場合もありますが、実際には、介護予防支援事業所ごと、さらには職員によって、違いがある場合も少なくありません。このような状況の背景には、居宅介護支援のように、厚生労働省が目安として定める 23 の課題分析標準項目のような**明確な規定がない**こともあります。

改善のためのヒント

　まず、課題分析に必要なアセスメント項目を検討・決定してください。気をつけてほしい点は、対象者が比較的、元気な介護予防対象者であると高をくくり、アセスメント項目を極端に少なく設定することです。「必要な情報がない」ために、適切な状況把握やアセスメントができていないという事態が散見されます。事業所として「適切な課題の把握」とは何か、という視点で検討することが必要です。以下の考え方も参考にしてください。

①課題分析表等を、居宅介護支援用（要介護者向け）と介護予防支援用（要支援者向け）に分ける必要があるのかを検討する。介護予防支援単体で考えるのではなく、居宅介護支援の業務も視野に入れて考えるとよい（p.32 では（介護予防）課題分析表を提案している）。

②指定居宅介護支援事業者が指定介護予防支援事業者の指定を受けることにより、要支援状態から要介護状態まで長きにわたり利用者を支援する可能性が高まる。そのことを踏まえ、初回の課題分析は「要介護利用者」と同様のアセスメントを行う。

③要支援者は、改善の可能性の高さにも着目し、アセスメント領域（「運動・移動」「日常生活（家庭生活）」「社会参加、対人関係・コミュニケーション」「健康管理」）について詳細にアセスメントする。同時に要支援認定結果を確認し、「認定の原因」となった項目についても生活行為に照らして、課題分析を行う。

現状 ③ 介護予防支援事業所ごとに違う引き継ぎのルール

 引き継ぎを
お願いします

 自分で
アセスメントしますよね

　介護予防支援事業所（地域包括支援センター）が担当する利用者が要支援認定から要介護認定に区分変更になると、ケアマネジメント機関は、居宅介護支援事業所に変更になります。その際の引き継ぎ方法について介護予防支援事業所（地域包括支援センター）ごと、職員ごとに違いがあります。居宅介護支援事業所のケアマネジャーが「必要な引き継ぎ事項をお願いします」と申し出ると、介護予防支援事業所の担当者より「何の情報が欲しいの？」「自分でアセスメントしますよね？」と言われて、驚いたというケースも聞きます。

 ## 改善のためのヒント

　要支援から要介護、居宅から施設などについて、具体的な引き継ぎのルール（規定）は、引き継ぐ側にも引き継がれる側にも位置づけられていません。専門職個人、事業所ごとの考え方によるところも多いようです。さらに、「言われないから引き継がない」「言われたら必要な情報提供はする」という消極的なスタンスの場合もあります。以下のような点を考慮して、引き継ぎのルールを検討するとよいでしょう。

①引き継ぐべき内容は、ADLや疾患名等だけではなく、「本人や家族の暮らし（経過）」「本人や家族の心情や心の揺れ」など、記録にされていないことにも目を向けて検討する。
②引き継ぎの有無や方法は、専門職個人の価値観ではなく、「事業所としてのルール」として、引き継ぎ時に原則とるべき行動を定める。定める際には、「利用者のために」を前提にして検討する。
③引き継ぎの際には、個人情報提供同意書などを作成し、引き継ぐ内容等について利用者等に同意を得る。

現状 ④ 見よう見まねでつくる介護予防ケアプラン

　介護予防支援事業所（地域包括支援センター）の新人職員は、各事業の役割や事業内容の把握に加え、指定介護予防支援事業者として、ケアマネジメントプロセスや運営基準についての理解が求められます。覚えることが多岐にわたっており、特に新卒に近い社会福祉士や、介護保険にかかわることなく仕事をしてきた保健師にとっては、すべてを身につけるには相当の年数がかかることが現実的にはあります。

　そういったなかで、ケアマネジメントプロセスにおいて特に重要な介護予防サービス・支援計画書（以下、介護予防ケアプラン）の作成は、上司や主任介護支援専門員から時間をかけて指導を受ける必要がありますが、指導する側の煩雑な業務、膨大な仕事量といった状況から、実際に教えられる時間は十分とはいえません。こういった状況は、居宅介護支援事業所においても同様なことがいえます。結果的に、見よう見まね、自己流で介護予防ケアプランを作成することになっています。

　保険者（市区町村）によっては、保険者独自で【介護予防ケアプランに対する基本的な考え方や書き方】を作成しているところもありますが、その絶対数は多いとはいえない状況です。

改善のためのヒント

　介護予防支援や介護予防ケアプランの書き方に特化した研修について、多いとはいえない状況であるからこそ、それらの機会を逃さないこと、学ぶ機会を自分でつくることも求められています。まずは、以下のことに取り組みましょう。

①**介護予防ケアプランについて、厚生労働省の示している「介護予防支援及び介護予防ケアマネジメント業務に係る関連様式例記載要領」を理解する**（第 3 章参照）。
②**管理者は、ケアマネジャー等の一定の質を担保するため、介護予防ケアプランについて学ぶ機会や事例検討会を定期的に設ける。**

参考：鎌倉市（神奈川県）では、2024（令和 6）年度より「鎌倉市推奨　介護予防サービス計画書の基本的な考え方と書き方」を参考として定め、市内の地域包括支援センターおよび居宅介護支援事業所に頒布している。また、年 1 回以上、地域包括支援センターに特化した研修を実施している。

居宅介護支援事業所へ委託できずに パンク状態

　介護予防支援は、地域包括支援センターが居宅介護支援事業所に委託することができますが、市町村によっては、「委託を受けてもらえない」ケースが散見されています。

　それにより、地域包括支援センターの職員が複数件（1人あたり80件等）を担当している状況があります。結果、業務過多で心身ともにパンク状態になっているだけでなく、要支援者に対する適切な支援にも支障をきたしかねない状況があります。ただし、2024（令和6）年度介護保険制度改正で**指定居宅介護支援事業者に介護予防支援の指定が拡大**されます。要支援者への支援は、保険者による取り組みや推進策についても確認し、官民一体による取り組みが求められます。

改善のためのヒント

　2024（令和6）年4月から、指定居宅介護支援事業者が保険者から指定介護予防支援事業者の指定を受けることができる形になりました（従来どおり、地域包括支援センターから委託を受けるという形もあります）。また、2024（令和6）年4月から居宅介護支援の運営基準に定める取扱い件数が変更になりました（35件→44件）。これらのことは、要支援者を支える担い手の増加につながるかもしれませんが、「要支援者がスムーズかつ適切なケアマネジメントを利用できる」よう取り組んでいく必要があります。そのために、以下のことを意識しておくとよいでしょう。

①保険者（第9期介護保険事業計画）の方針や取り組みを理解しつつ、要支援者へのケアマネジメントが適正に提供できるよう、保険者と協働（相談）するという姿勢をもつ。
②指定居宅介護支援事業者が指定介護予防支援事業者の指定を受けた場合には、運営基準を十分に確認し、適正な運営に努める。例えば、「提供拒否の禁止」として正当な理由（利用申込者の居住地が事業所の通常の事業の実施地域外である場合など）がない場合はサービスの提供を断ることができないといったことを遵守する。

現状 ⑥ 信頼関係を築くのが難しいモニタリング頻度

3か月ぶりの訪問

　専門職にとって、利用者との信頼関係の構築は最重要です。しかし、運営基準に示される**3か月に1回**という頻度で利用者に会い、モニタリングするのでは、信頼関係の構築にも限界があります。利用者によっては、「自分の担当者が誰かわからない」ということもあるようです。2024（令和6）年4月以降においては、一定の条件を満たすことで、モニタリングをオンライン（テレビ電話装置等）で行うことができるとされ、その場合の訪問頻度は6か月に1回でよいとされています。

　担当期間の長短や利用者の状況の違いにより関係性の濃淡はあると思いますが、冷静に年4回（1回につき1時間程度の面接）で信頼関係をつくるのは非常に難しいということを鑑みた対応が求められます。

改善のためのヒント

　専門職が利用者の自宅を訪問することで、利用者やその家族等、自宅の環境等について適切な把握ができます。モニタリングにおいて、利用者の自宅を訪問するという方法が最も効果的であることは多くの専門職が理解していると思います。一方で、オンラインによるモニタリング方法が導入されることで、利便性や効率性という意味で、適切に活用することが考えられます。よりよい利用者支援を実施するという観点から、以下のことを参考にしてください。

①事業所として、モニタリングにおける「基本的な考え方」を定めておく。ケアマネジャー等の個人の判断にすべてを委ねるのではなく、事業所の方針を判断基準にできるようにする（例：原則として、自宅訪問を基本とする。オンラインによるモニタリングに際しては、その実施前に管理者に相談し、その有用性等を相談すること）。

②実際に会うこと（モニタリング）が3か月に1回であっても、専門職として信頼関係の構築に努める。具体的には、訪問前に前回のやりとりや要点について支援経過記録等を確認し、復習しておいたり、サービス事業所に状況確認をして、本人の言動や様子をリサーチしたりすること等も考えられる。

③モニタリング以外にも、サービス事業所からの情報提供や異変時の対応を検討しておく（例：膝の痛みが強い場合は、連絡をもらう、食事量が少ない（体重42kg）場合には、速やかに訪問する等）。サービス事業所等と密にやりとり・連携できる体制をつくる。

サービスが必要ないと思われる利用者への ケアプラン作成

この前○○に行ったんですよ！

「できる範囲」で続けられるといいですね！

　要支援 1・要支援 2 の利用者のなかでも、本人の状態や本人を支える社会資源などの要素によって、公共交通機関を利用して趣味や旅行を楽しめる人もいます。そういった利用者に対する介護予防ケアプランは、ケアプラン点検等で「このような状態の人に本当にケアプランが必要なのか」という疑問を専門家から問われることがあります。

　活動性の高い要支援者の介護予防ケアプランには、特段書くことがなく、通り一遍の文言が並んでいることがあります。また、目標の実現に向けたプランも「無理のない範囲で」「できる限り」というような**本人の判断に任せる内容**となり、専門職としての役割が十分に果たせていないような現状もあります。

改善のためのヒント

　要支援の利用者のなかには、車を運転する人や趣味などを積極的に行えている人がいます。一見すると全くニーズ（解決すべき課題）がないように判断されることもありますが、要支援では、「フレイルを起こさない」「現在の状況を維持する」という要介護になることを予防する目的があります。そういった目的が明確にわかる具体的なケアプランを作成できるよう、以下のことを検討しましょう。

①**予防という観点を大切にし、目標やプランをできるだけ具体化する。**「○○になるためには、どうしたらよい？」ということを深めて、考える（例：「心身を維持する」→そのためには「生活モチベーションを落とさない」→そのためには「小さな目標（行動や役割）を決めて実行する」→そのためには「1 日 10 回× 3 のスクワットをする」）。
②要介護者の支援を担当している人の場合、【要支援者は介護が必要でない人】として無意識的に考えてしまっている場合もある。そのため、要支援者がなぜ、要支援 1・2 になったのか、認定調査表を確認し、どのような要因があったのか、また、主治医意見書等から懸念される病状や生活について医師の意見を把握したうえで、必要性に応じたケアプランを検討する。

現状
⑧

ケアプラン点検の対象外？

　給付の適正化やケアマネジメントの質の向上に対する取り組みは、保険者（市町村）単位で異なりますが、居宅介護支援事業所や施設等へのケアプラン点検は多くの保険者で行っています。しかし、介護予防支援事業所（地域包括支援センター）については対象にしていない保険者も複数あります。結果、第三者の確認が入る事業所とそうでない事業所では、法令理解や運営基準に準拠した支援の実践度に差が生まれているケースがあります。

改善のためのヒント

　保険者によるケアプラン点検の実施の判断・取り組みについての差異は確実に存在していると考えます。そのような差異が生じる理由の一つに、特に地域包括支援センターについて、保険者が「指定介護予防支援事業者」として位置づけ、適切なケアマネジメントおよび法令順守はほかの介護保険事業と同様であると考えているかどうか、という点があります。なお、残念なことですが、地域包括支援センターのスタッフのなかにも「指定介護予防支援事業者」であるという基本的な理解ができていない場合も散見されます。まずは、以下のことを意識しましょう。

①地域包括支援センターや指定を受けた居宅介護支援事業所の専門職は、「指定介護予防支援事業者」であるという自覚をもち、運営基準の理解と運営基準に基づく支援の実施を徹底できるようにする（介護予防支援の運営基準は居宅介護支援の運営基準との類似点が非常に多い）。
②保険者は、指定介護予防支援事業者も 2 タイプ（地域包括支援センター・指定居宅介護支援事業者）となることを踏まえ、【要支援状態から要介護状態にならない】ための適切な予防策を実施しているかという視点で、指定介護予防支援事業者へのケアプラン点検を検討する。

現状 ⑨ 行政の立場による事業所運営
（地域包括支援センター）

利用者に選ばれる事業所？

　2024（令和6）年以前は、地域包括支援センターが市町村の指定を受けて、介護予防支援を行っていました。基本的に利用者は、自分が住む地域にある地域包括支援センターで支援を受けることになり、利用者が地域包括支援センターを「選ぶ」という観点は、ほとんどありませんでした。そのため、地域包括支援センターの運営も、目の前の業務をこなすことで精一杯で、利用者により「選ばれる」ための創意工夫を検討するといった視点は、重視されにくい状況にあります。

 改善のためのヒント

　2024（令和6）年4月以降は、居宅介護支援事業所（民間等も含む経営主体）が介護予防支援事業に取り組むことになります。そのため、地域包括支援センターのみが介護予防支援を行っていたときとは、事業所運営のあり方は確実に変化を求められることになります。「利用者に選ばれる介護予防支援事業所」という視点に立ち、以下のようなことを心がけてください。

①「要支援者」の特徴（趣味や外出等が可能な人が多い・特殊詐欺の被害リスク等）や社会的状況について学び、要介護者との違いについて学びを深める機会をつくる。
②利用者が【選ぶ】選択肢をもつということは、【選ばない】という選択肢をもつことでもある。常に、専門職としての自分の立ち振る舞いや言動等について自己点検をする。

現状⑩ 地域包括支援センターに求められる役割と実態とのギャップ

地域包括支援センターの包括的・継続的ケアマネジメント支援業務で、個々の介護支援専門員等へのサポートが位置づけられています。しかし、地域包括支援センターや個人ごとに、力量の差があり、実際には、十分な役割が果たせていない場合もあります。

特に、指定居宅介護支援事業者が指定介護予防支援事業者の指定を受ける場合、地域包括支援センターに介護予防支援の適切・有効な実施のために必要があるときは、必要な助言を求めることができると規定されています（介護保険法第 115 条の 30 の 2 第 2 項）。さらに、包括的・継続的ケアマネジメント支援業務に「介護予防サービス計画の検証」（介護保険法第 115 条の 45 第 2 項）も追加され、地域包括支援センターに求められる役割は、ますます重要になっています。

改善のためのヒント

指定介護予防支援事業者として、地域包括支援センターは、「地域のケアマネジャーのお手本」となるような取り組みが求められるようになります。そのために、以下のようなことを検討するとよいでしょう。

①地域包括支援センター内の研修内容として、【介護予防支援の現状や課題】【介護予防ケアプランの検証】について定期的に位置づけ、地域包括支援センター職員が定期的に学ぶ・確認する機会をもつ。

②介護予防ケアプランの検証については、定期的な開催だけでなく、日頃の業務内においても、職員間で見せ合う・検証し合うというルーティンをつくる。

③地域包括支援センターは、地域の介護予防支援を担う事業所（指定・委託）と協働で、地域における介護予防支援の現状等について意見交換の場をもてるよう、年間計画に位置づける。

＋α　介護予防支援のアセスメント

　介護予防支援の運営基準（指定介護予防支援等の事業の人員及び運営並びに指定介護予防支援等に係る介護予防のための効果的な支援の方法に関する基準）には、課題の把握（アセスメント）について示されており、その基準に沿ってアセスメントを実施しなければなりません。

　しかし、介護予防支援では、居宅介護支援の課題分析標準項目（23項目）のように、項目が明確に示されていないことなどから、面接時の方法や手段についても個々人や事業所によって差が大きいものです。

　ケアプランを立案するうえで、アセスメントは非常に重要です。介護予防支援の質を担保し、かつ効果的な取り組みを実践していくためにも、現在の状況と課題を明らかにし、その改善策を検討します。

アセスメントを行ううえで運営基準に明記されていること（抜粋）

①適切な方法により実施する。
②領域（4領域）ごとに日常生活の状況を把握する。
③利用者が現に抱える問題点を明らかにする。
④支援すべき総合的な課題を把握する。

運営基準第 30 条第 6 号	解釈通知＊第 2 の 4 （1） ⑦
担当職員は、介護予防サービス計画の作成に当たっては、適切な方法により、利用者について、その有している生活機能や健康状態、その置かれている環境等を把握した上で、次に掲げる各領域ごとに利用者の日常生活の状況を把握し、利用者及び家族の意欲及び意向を踏まえて、生活機能の低下の原因を含む利用者が現に抱える問題点を明らかにするとともに、介護予防の効果を最大限に発揮し、利用者が自立した日常生活を営むことができるように支援すべき総合的な課題を把握しなければならない。 イ　運動及び移動 ロ　家庭生活を含む日常生活 ハ　社会参加並びに対人関係及びコミュニケーション ニ　健康管理	介護予防サービス計画は、個々の利用者の特性に応じて作成されることが重要である。このため担当職員は、介護予防サービス計画の作成に先立ち利用者の課題分析を行うこととなる。 　課題分析では、利用者の有する生活機能や健康状態、置かれている環境等を把握した上で、利用者が日常生活をおくる上での運動・移動の状況、日常生活（家庭生活）の状況、社会参加、対人関係・コミュニケーションの状況、健康管理の状況をそれぞれ把握し、利用者及びその家族の意欲・意向を踏まえて、各領域ごとに利用者が現に抱えている問題点を明らかにするとともに、介護予防の効果を最大限に発揮し、利用者が自立した日常生活を営むことができるように支援すべき総合的な課題を把握する必要がある。

＊厚生労働省「指定介護予防支援等の事業の人員及び運営並びに指定介護予防支援等に係る介護予防のための効果的な支援の方法に関する基準について」

アセスメントの現状と課題

①基本チェックリストに専門職としての判断が含まれていない

　基本チェックリストは、利用者に各質問の趣旨を理解してもらったうえで、回答してもらいます。その際、利用者の主観のみによる回答で、具体的な状況まで専門職により確認されておらず、点数の正確性を欠いていることがあります。点数に応じて、課題となる領域へのプランを検討していくため、場合によっては、必要以上のサービス利用につながることもあります。

②面談時に必要な状況が把握されていない

　利用者との面談時に聞き取った内容をケアプランに直接書き入れていることがあります。その際、4つのアセスメント領域の把握すべき事項を網羅した質問項目を用意していなかったり、アセスメント用の別の様式を使用していなかったりします。面談者の経験や感覚で把握された内容が、ケアプランにそのまま記載（入力）されてしまっており、アセスメントの質に差が生じてしまっている状況があります。

③介護予防ケアプランが課題分析表の代わりになっている

　利用者・家族との面談のときに知った情報を、ケアプラン内にすべて記載していることがあります。特に、「アセスメント領域と現在の状況」の4領域（「運動・移動」「日常生活（家庭生活）」「社会参加、対人関係・コミュニケーション」「健康管理」）それぞれに対して、できること、していること、できないこと、困難なことなど、さまざまな内容を取捨選択することなく記載しています。

　ケアプランは、利用者のためのものであり、わかりやすく記載する必要があるにもかかわらず、記載量が非常に多く、文字が小さくなっており、本当に必要な状況がわからなくなっていることもあります。

改善のための提案と手順

①基本チェックリストの点数は、専門職としての判断もする

　基本チェックリストは、利用者の主観による判断だけでなく、「専門職としての評価」も行います。回答が適当であるかどうかを検討し、利用者に説明しながら、専門職としての判断が含まれるようにします。

● 参考：基本チェックリストの手順

①基本チェックリストは、基本的に質問項目の趣旨を聴きながら本人が記入し、状況を確認するもの。
②基本チェックリストの活用については、本人や家族が行ったものに基づき、介護予防ケアマネジメントのプロセスで、地域包括支援センター等が本人の状況を確認するとともに、事業の説明等を行い、適切なサービスの利用につなげる。

参照：厚生労働省「介護予防・日常生活支援総合事業における介護予防ケアマネジメント（第1号介護予防支援事業）の実施及び介護予防手帳の活用について」をもとに作成

②課題分析表（介護予防支援用）を活用する

　厚生労働省が通知で示している「4領域ごとの把握すべき項目」を網羅した「（介護予防）課題分析表（p.32～33）」を使用します。4領域の状況の把握は、介護予防ケアプランに直接記載するのではなく専用の様式を使用することで、一定以上の水準で、情報収集および状況の把握をすることができます。

　「（介護予防）課題分析表」は、基本チェックリスト項目（25項目）＋頻度や現状を追加で質問できるようになっています。そのため、利用者の主観だけでない、専門職としての評価を介護予防ケアプランに反映できます。

介護予防支援のアセスメントに使用する様式

①基本チェックリスト（p.28）
②興味・関心チェックシート（p.29）
③利用者基本情報（p.30～31）
④（介護予防）課題分析表（提案様式）（p.32～33）

（介護予防）課題分析表（提案様式）は、合同会社「介護の未来」のホームページよりダウンロードすることができます。下記のパスワードをご入力のうえ、ダウンロードし、ぜひご活用ください。

HP: 合同会社「介護の未来」(kaigonomirai.net)
パスワード :mirai55（未来GoGo）

●参考：「アセスメント領域と現在の状況」欄

> 　各アセスメント領域ごとに、日常生活の状況を記載する。各アセスメント領域において「現在、自分で（自力で）実施しているか否か」「家族などの介助を必要とする場合はどのように介助され実施しているのか」等について、その領域全般について聴取。アセスメントは、基本チェックリストの回答状況、主治医意見書、生活機能評価の結果も加味して行う。聴取するにあたって利用者と家族の双方に聞き、実際の状況と発言していることの違い、利用者と家族の認識の違いなどにも留意する。
> 　利用者・家族からの情報だけでなく、計画作成者が観察した状況についても記載する。

運動・移動	自ら行きたい場所へさまざまな手段を活用して、移動できるかどうか、乗り物を操作する、歩く、走る、昇降する、さまざまな交通を用いることによる移動を行えているかどうかについて確認する。
日常生活（家庭生活）	家事（買い物・調理・掃除・洗濯・ゴミ捨てなど）や住居・経済の管理、花木やペットの世話などを行っているかについて確認する。
社会参加、対人関係・コミュニケーション	状況に見合った適切な方法で、人々と交流しているか。また、家族、近隣の人との人間関係が保たれているかどうか。仕事やボランティア活動、老人クラブや町内会行事への参加状況や、家族内や近隣における役割の有無などの内容や程度はどうかについて確認する。
健康管理	清潔・整容・口腔ケアや、服薬、定期受診が行えているかどうか。また、飲酒や喫煙のコントロール、食事や運動、休養など健康管理の観点から必要と思われた場合、この領域でアセスメントする。特に、高齢者の体調に影響する、食事・水分・排泄の状況については、回数や量などを具体的に確認する。

出典：厚生労働省「介護予防支援業務に係る関連様式例の提示について」（平成18年3月31日老振発第0331009号）

● 基本チェックリスト

	質問項目	回 答：いずれかに ○をお付けください	
1	バスや電車で1人で外出していますか（自家用車も含む）	0. はい	1. いいえ
2	日用品の買い物をしていますか（必要な物品を間違いなく購入しているか）	0. はい	1. いいえ
3	預貯金の出し入れをしていますか（本人の判断で、自らしているか）	0. はい	1. いいえ
4	友人の家を訪ねていますか（電話による交流、家族や親戚の家への訪問は除く）	0. はい	1. いいえ
5	家族や友人の相談にのっていますか（電話のみで相談に応じている場合も含む）	0. はい	1. いいえ
6	階段を手すりや壁をつたわらずに昇っていますか	0. はい	1. いいえ
7	椅子に座った状態から何もつかまらずに立ち上がっていますか	0. はい	1. いいえ
8	15分くらい続けて歩いていますか	0. はい	1. いいえ
9	この1年間に転んだことがありますか	1. はい	0. いいえ
10	転倒に対する不安は大きいですか	1. はい	0. いいえ
11	6ヶ月間で2～3kg以上の体重減少がありましたか	1. はい	0. いいえ
12	身長　　　　cm　体重　　　　kg　（BMI=　　　　　）（注）		
13	半年前に比べて固いものが食べにくくなりましたか	1. はい	0. いいえ
14	お茶や汁物等でむせることがありますか	1. はい	0. いいえ
15	口の渇きが気になりますか	1. はい	0. いいえ
16	週に1回以上は外出していますか	0. はい	1. いいえ
17	昨年と比べて外出の回数が減っていますか	1. はい	0. いいえ
18	周りの人から「いつも同じ事を聞く」などの物忘れがあると言われますか	1. はい	0. いいえ
19	自分で電話番号を調べて、電話をかけることをしていますか	0. はい	1. いいえ
20	今日が何月何日かわからない時がありますか	1. はい	0. いいえ
21	（ここ2週間）毎日の生活に充実感がない	1. はい	0. いいえ
22	（ここ2週間）これまで楽しんでやれていたことが楽しめなくなった	1. はい	0. いいえ
23	（ここ2週間）以前は楽にできていたことが今はおっくうに感じられる	1. はい	0. いいえ
24	（ここ2週間）自分が役に立つ人間だと思えない	1. はい	0. いいえ
25	（ここ2週間）わけもなく疲れたような感じがする	1. はい	0. いいえ

（注）BMI＝体重（kg）÷身長（m）÷身長（m）が18.5未満の場合に該当とする。

● 興味・関心チェックシート

氏名：＿＿＿＿＿＿＿＿＿　年齢：＿＿＿歳　性別（　　　）　記入日：＿＿＿年＿＿＿月＿＿＿日

　表の生活行為について、現在しているものには「している」の列に、現在していないがしてみたいものには「してみたい」の列に、する・しない、できる・できないにかかわらず、興味があるものには「興味がある」の列に○を付けてください。どれにも該当しないものは「している」の列に×をつけてください。リスト以外の生活行為に思いあたるものがあれば、空欄を利用して記載してください。

生活行為	している	してみたい	興味がある	生活行為	している	してみたい	興味がある
自分でトイレへ行く				生涯学習・歴史			
一人でお風呂に入る				読書			
自分で服を着る				俳句			
自分で食べる				書道・習字			
歯磨きをする				絵を描く・絵手紙			
身だしなみを整える				パソコン・ワープロ			
好きなときに眠る				写真			
掃除・整理整頓				映画・観劇・演奏会			
料理を作る				お茶・お花			
買い物				歌を歌う・カラオケ			
家や庭の手入れ・世話				音楽を聴く・楽器演奏			
洗濯・洗濯物たたみ				将棋・囲碁・麻雀・ゲーム等			
自転車・車の運転				体操・運動			
電車・バスでの外出				散歩			
孫・子供の世話				ゴルフ・グラウンドゴルフ・水泳・テニスなどのスポーツ			
動物の世話				ダンス・踊り			
友達とおしゃべり・遊ぶ				野球・相撲等観戦			
家族・親戚との団らん				競馬・競輪・競艇・パチンコ			
デート・異性との交流				編み物			
居酒屋に行く				針仕事			
ボランティア				畑仕事			
地域活動（町内会・老人クラブ）				賃金を伴う仕事			
お参り・宗教活動				旅行・温泉			
その他（　　　　　　）				その他（　　　　　　）			

出典：「平成25年度老人保健健康増進等事業医療から介護保険まで一貫した生活行為の自立支援に向けたリハビリテーションの効果と質に関する評価研究」
　　　一般社団法人日本作業療法士協会（2014.3）

● 利用者基本情報

作成担当者：＿＿＿＿＿＿＿＿＿＿＿＿＿＿＿＿＿

《基本情報》

相談日	年　月　日（　）	来　所・電　話 その他（　　　　　　）	初　回 再来（前　　　／　　　　）
本人の現況	在宅・入院又は入所中（　　　　　　　　　　　　　　　　　　　　　　　　　　　　）		

フリガナ 本人氏名			性別	M・T・S　　年　　月　　日生 （　　　　）歳

住　　所		Tel Fax	（　　） （　　）

日常生活 自立度	障害高齢者の日常生活自立度	自立・J1・J2・A1・A2・B1・B2・C1・C2
	認知症高齢者の日常生活自立度	自立・Ⅰ・Ⅱa・Ⅱb・Ⅲa・Ⅲb・Ⅳ・M

認定情報	非該当・要支1・要支2・要介1・要介2・要介3・要介4・要介5 有効期限：　　年　　月　　日　～　　　　年　　月　　日（前回の介護度　　　　　） 基本チェックリスト記入結果：事業対象者の該当あり・事業対象者の該当なし 基本チェックリスト記入日：　　年　　月　　日

障害等認定	身障（　　　　　）、療育（　　　　　　）、精神（　　　　　）、難病（　　　　　　）

本人の 住居環境	自宅・借家・一戸建て・集合住宅・自室の有無（　　　　）階・住居改修の有無

経済状況	国民年金・厚生年金・障害年金・生活保護・その他（　　　　　　　　　　　　　　　　）

来所者 （相談者）			家族構成　◎回＝本人、○＝女性、□＝男性 ●■＝死亡、☆＝キーパーソン 主介護者に「主」 副介護者に「副」 （同居家族は○で囲む）
住　　所 連　絡　先		続 柄	家族構成

緊急連絡先	氏名	続柄	住所・連絡先

家族関係等の状況

《介護予防に関する事項》

今までの生活		

現在の生活状況（どんな暮らしを送っているか）	1日の生活・すごし方			趣味・楽しみ・特技	
	時間	本人	介護者・家族		
				友人・地域との関係	

《現病歴・既往歴と経過》（新しいものから書く・現在の状況に関連するものは必ず書く）

年月日	病名	医療機関・医師名（主治医・意見作成者に☆）		経過	治療中の場合は内容
年　月　日			Tel	治療中 経過観察中 その他	
年　月　日			Tel	治療中 経過観察中 その他	
年　月　日			Tel	治療中 経過観察中 その他	
年　月　日			Tel	治療中 経過観察中 その他	

《服薬状況　　年　月　　日現在》＊ **提案** の項目です

《現在利用しているサービス》

公的サービス	非公的サービス

　地域包括支援センターが行う事業の実施に当たり、利用者の状況を把握する必要があるときは、基本チェックリスト記入内容、要介護認定・要支援認定に係る調査内容、介護認定審査会による判定結果・意見、及び主治医意見書と同様に、利用者基本情報、アセスメントシートを、居宅介護支援事業者、居宅サービス事業者、総合事業におけるサービス事業等実施者、介護保険施設、主治医その他本事業の実施に必要な範囲で関係する者に提示することに同意します。

年　　　月　　　日　　氏名

● （介護予防）課題分析表 提案

実施日：　　　　　　　　　年　　月　　日

実施者：

氏名　　　　　　　　　　　　　　　　　様　　実施場所：

	No.	項　目	評　価	特記事項
運動・移動	1	バスや電車で1人で外出していますか	電車・バス・自ら運転する・ 徒歩・していない	
		（外出している場合）どの程度外出していますか	毎日・週1回程度・月1回程度・その他	
	16	週に1回以上は外出していますか	毎日・週1回程度・月1回程度・ していない・その他	
		（外出している場合）誰と外出していますか	1人で外出している・ 家族（　　）・その他	
	17	昨年と比べて外出の回数が減っていますか	減っていない（増えている）・ 減っている・変わらない	
		（減っている場合）どの程度減っていますか	（程度）	
日常生活（家庭生活）	2	日用品の買い物をしていますか	はい・いいえ	
		（している場合）どの程度していますか	毎日・週1回程度・月1回程度・その他	
	3	預貯金の出し入れをしていますか	はい・いいえ	
		（本人以外がしている場合）誰がしていますか	家族（　　）・その他	
		調理は誰がしていますか	本人・家族（　　）・その他	
		（本人がしている場合）どの程度していますか	毎日・週1回程度・その他（　　）	
		（本人がしている場合）いつしていますか	（複数回答）朝・昼・夕	
		掃除は誰がしていますか	本人・家族（　　）・その他	
		（本人がしている場合）どの程度していますか	毎日・週1回程度・その他	
		洗濯は誰がしていますか	本人・家族・その他	
		（本人がしている場合）どの程度していますか	毎日・週1回程度・その他	
		ゴミ捨ては誰がしていますか	本人・家族（　　）・その他	
		（本人がしている場合）どの程度していますか	ゴミをまとめる・ゴミ捨て場まで持っていく・ その他（　　）	
		花木やペットの世話をしていますか	はい　・　いいえ	
社会参加、対人関係・コミュニケーション	4	友人の家は訪ねていますか	はい　・　いいえ	
	5	家族や友人の相談にのっていますか	はい　・　いいえ	
		家族や友人とどのように連絡していますか	電話・メール・LINE・その他（　　）	
		近隣との交流はありますか	はい　・　いいえ	
		老人クラブや町内会行事に参加していますか	はい　・　いいえ	
		ボランティア活動はしていますか	はい　・　いいえ	
		仕事はしていますか	はい　・　いいえ	
健康管理	6	階段を手すりや壁をつたわらずに昇っていますか	はい　・　いいえ	
		段差昇降	つかまらずにできる・ 手すりにつかまってできる・その他	
	7	椅子に座った状態から何もつかまらずに立ち上がっていますか	はい　・　いいえ	
	8	15分位続けて歩いていますか	はい　・　いいえ	
		（している場合）どれくらい歩いていますか	毎日・週1回程度・その他	

	No.	項　目	評　価	特記事項
健康管理	9	この1年間に転んだことがありますか	はい・いいえ	
		（ある場合）何回程度転倒しましたか	月1回以上・6か月に1回程度・年1回程度	
	10	転倒に対する不安は大きいですか	はい・いいえ	
	11	6か月間で2～3kg以上の体重減少がありましたか	はい・いいえ	
	12	身長（　　）cm　体重（　　）kg　（BMI=　　　　　）※18.5未満、25以上は該当		
	13	6か月前に比べて固い物が食べられなくなりましたか	はい・いいえ	
		食事回数	朝・昼・夕	
		口腔清潔	朝・昼・夕・その他	
			自歯・義歯	
	14	お茶や汁物等でむせることはありますか	はい・いいえ	
	15	口の渇きが気になりますか	はい・いいえ	
		水分量	（1日あたり）	
		入浴はしていますか	毎日・週3回程度・その他	
		（している場合）方法	浴槽に浸かる・シャワー浴	
		排尿	（　　）日に（　　）回	
		排便	毎日・（　　）日に（　　）回	
		運動はしていますか	はい・いいえ	
		（している場合）どのような運動ですか	（内容）	
		飲酒	有・無	
			週（　　）回	
		喫煙	有・無	
			1日（　　）本	
その他	18	周りの人から「いつも同じ事を聞く」などの物忘れがあると言われますか	はい　・　いいえ	
	19	自分で電話番号を調べて、電話をかけることをしていますか	はい　・　いいえ	
	20	今日が何月何日かわからないときがありますか	はい　・　いいえ	
	21	（ここ2週間）毎日の生活に充実感がない	はい　・　いいえ	
	22	（ここ2週間）これまで楽しんでやれていたことが楽しめなくなった	はい　・　いいえ	
	23	（ここ2週間）以前は楽にできていたことが今はおっくうに感じられる	はい　・　いいえ	
	24	（ここ2週間）自分が役立つ人間だとは思えない	はい　・　いいえ	
	25	（ここ2週間）わけもなく疲れたような感じがする	はい　・　いいえ	
（18-25の回答に対する具体的状況など）				

No.1-25は、基本チェックリスト項目
No. 空欄は、「介護予防サービス・支援計画書（ケアマネジメント結果等記録）」を参考に作成。

実施日：	令和6年　6月26日
実施者：	介護　陵
実施場所：	自宅

氏名：　　　未来　進一　様

	No.	項目	評価	特記事項
運動・移動	1	バスや電車で1人で外出していますか	電車・(バス)・自ら運転する・徒歩・していない	年1回、●●大学病院へ受診（前回は令和5年5月）だが、今は1人で行ける自信がない。
		（外出している場合）どの程度外出していますか	毎日・週1回程度・月1回程度・(その他)	
	16	週に1回以上は外出していますか	毎日・(週1回程度)・月1回程度・していない・その他	駅前のスーパーに買い出しに歩いていく。
		（外出している場合）誰と外出していますか	(1人で外出している)・家族（　　）・その他	
	17	昨年と比べて外出の回数が減っていますか	減っていない・(増えている)・減っている・(変わらない)	・週1回、スーパーへ買い出し。・月1回、●●内科医院受診。・3か月に1回、■■整形外科受診。
		（減っている場合）どの程度減っていますか	（程度）	
日常生活（家庭生活）	2	日用品の買い物をしていますか	(はい)・いいえ	週1回のスーパーへの買い出し。重たいものは、ネットスーパーにて注文している。スマートフォンが使用できる。
		（している場合）どの程度していますか	毎日・(週1回程度)・月1回程度・その他	
	3	預貯金の出し入れをしていますか	はい・(いいえ)	年金の出し入れは長女がしているが、年数回は自分のお小遣い用に通帳から現金を引き出している。
		（本人以外がしている場合）誰がしていますか	(家族（長女))・その他	
		調理は誰がしていますか	(本人)・家族（　　）・その他	①最も多いのは、【焼く】。目玉焼きや野菜炒めはできる。煮る等はできない。②朝夕は自炊。昼は外食か買ってきたものを食べている（駅前の○○屋（ラーメン屋）が好き）。
		（本人がしている場合）どの程度していますか	(毎日)・週1回程度・その他（　　）	
		（本人がしている場合）いつしていますか	（複数回答）(朝)・昼・(夕)	
		掃除は誰がしていますか	(本人)・家族（　　）・その他	目につくところだけしている。頻度については、月1回-2回。お風呂掃除は月1回程度。
		（本人がしている場合）どの程度していますか	毎日・週1回程度・(その他)	
		洗濯は誰がしていますか	(本人)・家族・その他	洗濯は、週1回、月曜日と決めている。体調がしんどいときは、コインランドリーに行く。
		（本人がしている場合）どの程度していますか	毎日・(週1回程度)・その他	
		ゴミ捨ては誰がしていますか	(本人)・家族（　　）・その他	不燃ゴミ・資源ゴミ（月2回）を忘れてしまうことがある。その他、可燃ゴミ（週2回）と容器・プラスチック（週2回）は忘れない。
		（本人がしている場合）どの程度していますか	(ゴミをまとめる)・(ゴミ捨て場まで持っていく)・その他（　　）	
		花木やペットの世話をしていますか	はい・(いいえ)	アパート住まい。
社会参加、対人関係・コミュニケーション	4	友人の家は訪ねていますか	はい・(いいえ)	
	5	家族や友人の相談にのっていますか	はい・(いいえ)	①友人が亡くなっていき、寂しい想いがある。②長女とLINEで毎日連絡している。③老人クラブの幹事をしているが、体調が悪いときもあり十分な参加はできていない。
		家族や友人とどのように連絡していますか	電話・メール・(LINE)・その他（　　）	
		近隣との交流はありますか	(はい)・いいえ	
		老人クラブや町内会行事に参加していますか	(はい)・いいえ	
		ボランティア活動はしていますか	はい・(いいえ)	
		仕事はしていますか	はい・(いいえ)	
健康管理	6	階段を手すりや壁をつたわらずに昇っていますか	(はい)・いいえ	壁につかまることもあるが基本的につかまらず昇ることが可能。
		段差昇降	(つかまらずにできる)・手すりにつかまってできる・その他	
	7	椅子に座った状態から何もつかまらずに立ち上がっていますか	はい・(いいえ)	安全のためにもつかまっている。
	8	15分位続けて歩いていますか	(はい)・いいえ	駅前のスーパーが徒歩10分から15分。
		（している場合）どれくらい歩いていますか	毎日・(週1回程度)・その他	

	No.	項　目	評　価	特記事項
健康管理	9	この1年間に転んだことがありますか	はい　・　（いいえ）	転びそうになることは、週1回はある。
		（ある場合）何回程度転倒しましたか	月1回以上・6か月に1回程度・年1回程度	
	10	転倒に対する不安は大きいですか	（はい）　・　いいえ	杖は使いたくない。
	11	6か月間で2〜3kg以上の体重減少がありましたか	はい　・　（いいえ）	体重は測っていない。
	12	身長（ 176 ）cm　体重（ 65 ）kg　（BMI= 21 ）※18.5未満、25以上は該当		
	13	6か月前に比べて固い物が食べられなくなりましたか	はい　・　（いいえ）	お餅が好きで、焼いてよく食べる。
		食事回数	（朝）（昼）（夕）	間食はしないようにしている。
		口腔清潔	（朝）・昼・夕・その他　　（自歯）・義歯	①歯磨きは朝のみ。②自歯は6本あり、ほかは義歯。3か月に1回はかかりつけ歯科の○○歯科を受診（0022-1122-2211）。
	14	お茶や汁物等でむせることはありますか	はい　・　（いいえ）	
	15	口の渇きが気になりますか	はい　・　（いいえ）	
		水分量	（1日あたり）　　1ℓ 程度	ペットボトルのお茶をよく飲む。
		入浴はしていますか	毎日（週3回程度）その他	浴槽を洗いたくないのでシャワーで大半は済ませている。月1回は浴槽につかる。
		（している場合）方法	浴槽に浸かる（シャワー浴）	
		排尿	（ 1 ）日に（ 4-5 ）回	3日以上の便秘はない。
		排便	毎日・（ 2 ）日に（ 1 ）回	
		運動はしていますか	はい　・　（いいえ）	運動という運動はないが、家事は自分でしている。
		（している場合）どのような運動ですか	（内容）	
		飲酒	有（無）　　週（　）回	75歳まで毎日飲んでいた。
		喫煙	有（無）　　1日（　）本	77歳を区切りにやめた。
その他	18	周りの人から「いつも同じ事を聞く」などの物忘れがあると言われますか	（はい）　・　いいえ	長女からは言われる。
	19	自分で電話番号を調べて、電話をかけることをしていますか	はい　・　（いいえ）	友人がいなくなったので電話しない。
	20	今日が何月何日かわからないときがありますか	はい　・　（いいえ）	
	21	（ここ2週間）毎日の生活に充実感がない	（はい）　・　いいえ	充実感は仕事をやめた70歳からない。
	22	（ここ2週間）これまで楽しんでやれていたことが楽しめなくなった	はい　・　（いいえ）	
	23	（ここ2週間）以前は楽にできていたことが今はおっくうに感じられる	（はい）　・　いいえ	常におっくうだが、やることはやる。
	24	（ここ2週間）自分が役立つ人間だとは思えない	（はい）　・　いいえ	
	25	（ここ2週間）わけもなく疲れたような感じがする	はい　・　（いいえ）	

（18-25の回答に対する具体的状況など）

非常に冷静に現状について語っており、語られたとおりに生活している。
必要な家事や調理などを、自分なりのルールをもって実行している。
長女と毎日しているLINEでのコミュニケーションは本人にとっても支えになっている。

No.1-25は、基本チェックリスト項目
No. 空欄は、「介護予防サービス・支援計画書（ケアマネジメント結果等記録）」を参考に作成。

＋α 給付管理に気をつけよう

●**要支援認定を受け、結果が要支援１・２の場合**

→予防給付からのサービス利用があれば、**予防給付の介護予防ケアマネジメントの介護報酬が支払われる**ことになります（国保連支払）。

●**要支援認定を受けていない事業対象者**（申請をしていない者や申請はしたが非該当となった者）または要支援認定は受けたが、地域支援事業（総合事業）によるサービス利用のみの場合

→**総合事業の介護予防ケアマネジメントの費用が、市町村から支払われる**ことになります。

なお、予防給付および総合事業を併用する場合の介護予防支援費・介護予防ケアマネジメント費等については、別途定められているため確認してください。

●①**サービスの種類**

総合事業	訪問型サービス、通所型サービス、その他の生活支援サービスなど
予防給付	訪問入浴介護、訪問看護、訪問リハビリテーション、居宅療養管理指導、通所リハビリテーション、短期入所生活介護、短期入所療養介護、特定施設入居者生活介護、福祉用具貸与、特定福祉用具販売、認知症対応型通所介護、小規模多機能型居宅介護、認知症対応型共同生活介護

●②介護サービス利用の手続き

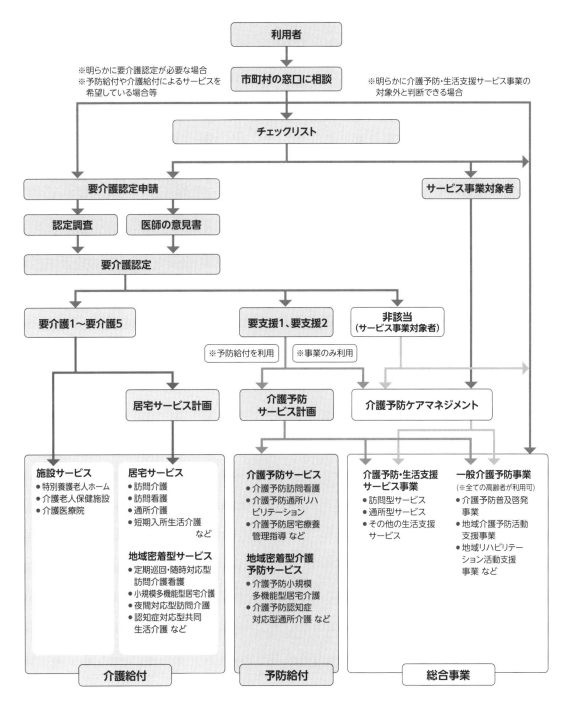

出典：厚生労働省「介護予防・日常生活支援総合事業のサービス利用の流れ」を一部改変

第3章

介護予防ケアプラン
の書き方と考え方

●介護予防サービス・支援計画書

No.

利用者名 　　　　　　　　　　　　　様　　認定年月日　　　年　　　月　　　日

計画作成者氏名 　　　　　　　　　　　　　　　　　　　　　　　① p.43

計画作成（変更）日　　　年　　　月　　　日（初回作成日　　　年　　　月　　　日）

目標とする生活　　② p.46

1日	

③ p.49　　④ p.52　　⑥ p.58

⑤ p.55　　⑦ p.60　　⑧ p.63

アセスメント領域と現在の状況	本人・家族の意欲・意向	領域における課題（背景・原因）	総合的課題	課題に対する目標と具体策の提案	具体策についての意向本人・家族
(運動・移動について)		□有　□無			
(日常生活（家庭生活）について)		□有　□無			
(社会参加、対人関係・コミュニケーションについて)		□有　□無			
(健康管理について)		□有　□無			

⑯ p.78　　⑱ p.81

健康状態について
□主治医意見書、健診結果、観察結果等を踏まえた留意点

【本来行うべき支援が実施できない場合】
妥当な支援の実施に向けた方針

基本チェックリストの（該当した質問項目数）／（質問項目数）を記入して下さい。
地域支援事業の場合は必要な事業プログラムの枠内の数字に○印をつけて下さい。　　⑰ p.80

	運動不足	栄養改善	口腔内ケア	閉じこもり予防	物忘れ予防	うつ予防
予防給付または地域支援事業						

初回・紹介・継続	認定済・申請中	要支援1・要支援2	地域支援事業

認定の有効期間　　　　年　　月　　日〜　　　　年　　月　　日

委託の場合：計画作成者事業者・事業所名及び所在地（連絡先）

担当地域包括支援センター：

1年	

⑨ p.66

⑭ p.75

	支　援　計　画					
目標	目標についての支援のポイント	本人等のセルフケアや家族の支援、インフォーマルサービス（民間サービス）	介護保険サービスまたは地域支援事業（総合事業のサービス）	サービス種別	事業所（利用先）	期間
	⑩ p.68	⑪ p.70	⑫ p.72	⑬ p.74		⑮ p.76

総合的な方針：生活不活発病の改善・予防のポイント　　⑳ p.84

⑲ p.83

地域包括支援センター※委託の場合	【意見】

計画に関する同意

上記計画について、同意いたします。 　　　年　　月　　日　氏名

41

「介護予防ケアプランの書き方」の基本の「き」

　ケアプランは、正式な書類（利用者等に対して説明し、同意を得て交付するもの）として制度的に位置づけられ、利用者・支援者両者にとって重きをおかれているものです。そのことを踏まえたとき、基本の「き」を実践することが必要です。ケアプラン点検においても、以下に掲げる基本の「き」に対しての助言や指摘をすることが少なくありません。各項目の説明に入る前に、まずは以下を押さえておきましょう。

　①誤字脱字（変換ミスなど）がない。
　②記入欄から文字が出ないようにする。また、文字が切れていたり、ずれていたりしないようにする。
　③専門用語を使わない。
　④略語を用いない。
　⑤和暦と西暦のいずれかで統一する（基本的に和暦）。
　⑥利用者やその家族への配慮に欠ける表現（認知症・拒否・訴えなど）を用いない。

※　提案　が記載されている箇所は、筆者がケアプラン点検等の知見を踏まえ、よりよい介護予防ケアプランを作成するにあたり、提案している内容です。実際に活用する際には保険者や事業者、個々のケアマネジャー等が協働しながら判断し、ぜひ参考にしてください。

I 介護予防サービス・支援計画書の書き方

① No./ 利用者名 / 認定年月日 / 認定の有効期間 / 初回・紹介・継続 / 認定済・申請中 / 要支援 1・要支援 2　地域支援事業 / 計画作成者氏名 / 委託の場合：計画作成事業者・事業所名及び所在地（連絡先）/ 担当地域包括支援センター / 計画作成（変更）日（初回作成日）

厚労省通知

No.
利用者の整理番号を記載する。

利用者名
当該介護予防サービス計画等の利用者名を記載する。

認定年月日
当該利用者の要支援認定の結果を受けた日を記載する。

認定の有効期間
当該利用者の認定の有効期間を日付で記載する。

初回・紹介・継続
当該利用者が、当該地域包括支援センター、指定介護予防支援事業者又は当該委託を受けた居宅介護支援事業者において初めて介護予防ケアマネジメント及び予防給付を受ける場合は「初回」に、介護予防ケアマネジメントを受けていたが、予防給付を受けるように紹介された場合、又は、予防給付を受けていたが、介護予防ケアマネジメントを受けるよう紹介された場合は「紹介」に、介護予防ケアマネジメントを受けており、今後も介護予防ケアマネジメントを受ける予定、あるいは予防給付を現在受けており、今後も予防給付を受ける予定の場合は「継続」に○を付す。

認定済・申請中
要支援認定について「新規申請中」（前回「非該当」となり、再度申請している場合を含む。）、「区分変更申請中」、「更新申請中であって前回の認定有効期間を超えている場合」は、「申請中」に○を付す。それ以外の場合は「認定済」に○を付す。認定を受けていない場合は、○を付さない。

要支援1・要支援2　地域支援事業
被保険者証に記載された「要介護状態区分」あるいは基本チェックリストの結果から総合事業における介護予防ケアマネジメント（第1号介護予防支援事業）を利用する場合は「地域支援事業」に○を付す。

計画作成者氏名
当該介護予防サービス計画等作成者（**介護予防支援事業所の**担当者名）の氏名を記載する。なお、**地域包括支援センターの設置者である介護予防支援事業者**が、介護予防支援業務及び介護予防ケアマネジメントを委託する場合には、**委託を受けた指定居宅介護支援事業所の**担当介護支援専門員名もあわせて記載する。

委託の場合：計画作成事業者・事業所名及び所在地（連絡先）
地域包括支援センターの設置者である介護予防支援事業者に、介護予防支援業務及び介護予防ケアマネジメントを委託する場合は、当該介護予防サービス計画等作成者の所属する介護予防支援事業者・事業所名及び所在地（住所と電話番号）を記載する。

担当地域包括支援センター

地域包括支援センターの設置者である介護予防支援事業者が、介護予防支援業務及び介護予防ケアマネジメントを委託する場合に、当該利用者が利用する地域包括支援センター名を記載する。

計画作成（変更）日（初回作成日）

当該地域包括支援センター若しくは介護予防支援事業者又は当該委託を受けた居宅介護支援事業者において当該利用者に関する介護予防サービス計画等を作成した日を記載する。また、「初回作成日」には、2回目以降の計画作成の場合、初回作成日を記載する。

※「厚労省通知」とは、「介護予防・日常生活支援総合事業における介護予防ケアマネジメント（第1号介護予防支援事業）の実施及び介護予防手帳の活用について」（平成27年6月5日老振発0605第1号厚生労働省老健局振興課長通知（一部改正令和4年9月13日老認発0913第2号））を指します。なお、色下線部分は「介護予防支援業務に係る関連様式例の提示について」（平成18年3月31日老振発第0331009号）の一部改正の内容を反映しています。以下、同。

 わかりやすい書き方とその考え方

● 計画作成者氏名について

【地域包括支援センターが指定居宅介護支援事業者に委託した場合】

地域包括支援センター担当者氏名、その後ろに、委託先の介護支援専門員の氏名を記載します。あくまでも主体は地域包括支援センターの担当者であるという認識に立ちます。その理由は、利用者と直接契約を締結しているのは、地域包括支援センター（指定介護予防支援事業者）であるためです。

【指定居宅介護支援事業者が指定介護予防支援事業者の指定を受けている場合】

担当介護支援専門員氏名を記載します（地域包括支援センター名等の記載は不要です）。担当介護支援専門員氏名の後ろに「事業所名」を記載するのもよいでしょう 提案 。

● 計画作成（変更）日について

計画書を**作成した日**を記載します。また、2回目以降の計画作成の場合、初回作成日を記載します。

 わかりにくい書き方

● 地域包括支援センターの委託であるのか、居宅介護支援事業所が介護予防支援事業所の指定を受けて、直接ケアマネジメントしているのかがわかりにくいことがあります。また、計画を作成した日を記載せず、同意を得た日を記載していることがあります。

書き方のポイント

①地域包括支援センターからの委託であるのか、指定居宅介護支援事業者が指定介護予防支援事業者の指定を受けているのかが明確にわかるようにします。

②指定居宅介護支援事業者が指定介護予防支援事業者の指定を受けている場合、計画作成者氏名の後ろに事業所名を明記します（「委託の場合」の文言に二重線を引いて、事業所名・所在地・連絡先を記載することもよいでしょう）　提案 。

③計画作成日は、あくまでも作成した日を記載します（利用者等への同意日と合致しないこともあります）。

 わかりやすい書き方の文例

【地域包括支援センターが居宅介護支援事業所に委託した場合】
・計画作成者氏名：地域包括支援センター担当者氏名（居宅介護支援事業所担当者氏名）
・委託の場合：計画作成者事業者・事業所名及び所在地（連絡先）：
　○○ケアプランセンター　345番地　012-123-432
・担当地域包括支援センター：☆☆地域包括支援センター

【指定居宅介護支援事業者が介護予防支援事業者の指定を受けている場合】
・計画作成者氏名：居宅介護支援事業所担当者氏名（△△ケアプランセンター）
・~~委託の場合~~：計画作成者事業者・事業所名及び所在地（連絡先）：
　　　　△△ケアプランセンター　678番地　012-123-432　提案

ケアプラン点検者
はココを見る！

□計画作成日と同意日の間隔が適正か。開きすぎている場合には、その理由や状況変化の有無等を把握しているか。
□必要事項がすべて記載されているか（記載漏れがないか）。

② 目標とする生活

厚労省通知

　利用者が今後どのような生活を送りたいか、利用者自身の意思意欲を尊重し、望む日常生活のイメージを具体的にすることで、利用者が介護予防へ主体的に取り組む動機付けとなる。

　この欄には、必要に応じて計画作成者が前記のような支援を行いつつ、利用者にとっては介護予防への最初の取り組みである「目標とする生活」のイメージについて記載する。

　具体的にどのような生活を送りたいかは、1日単位でも、1年単位でも、よりイメージしやすい「目標とする生活」を記述する。漠然としていて、イメージできない場合は、毎日の生活の中でどのようなことが変化すればよいのか、イメージしやすい日常生活のレベルでともに考える。計画を立て終わった時点では、全体像を把握した上で、再度利用者と修正するのは差し支えない。1日及び1年単位の両方記載しなければならないものでなく、また、両者の目標に関係がなければならないものではない。

　「1日」は、大きな目標にたどり着くための段階的な目標である場合や、健康管理能力や機能の向上・生活行為の拡大・環境改善など、様々な目標が設定される場合もあり得る。また、利用者が達成感自己効力感が得られるような内容が望ましい。

　「1年」は、利用者とともに、生きがいや楽しみを話し合い、今後の生活で達成したい目標を設定する。あくまでも、介護予防支援及び介護予防ケアマネジメントや利用者の取り組みによって達成可能な具体的な目標とする。計画作成者は利用者の現在の状況と今後の改善の可能性の分析を行い、利用者の活動等が拡大した状態を想像してもらいながら、その人らしい自己実現を引き出すようにする。

※下線は筆者。以下同。

 ## わかりやすい書き方とその考え方

● 本欄は、居宅サービス計画書（以下、居宅ケアプラン）の【意向欄】に近い部分があり、**利用者がどのような生活を送りたいか**が前提になります。つまり、利用者自身の望みや意向を踏まえた、イメージしやすい具体的な生活目標とし、利用者自身が「頑張るぞ!」と主体的に取り組む動機づけとなることが大切です。それは、ケアマネジャー等が、いかに利用者から、その動機づけにつながる意向を「引き出すことができるか」にかかっています。また、前向きな意向だけでなく、「こうはなりたくない」というネガティブな意向にも着目します。

● 具体的であることを前提に、さまざまな目標設定が考えられます。利用者自身のことだけでなく、**家族のために行っていること、行いたいこと、地域のためにしていること等**も含まれます。先入観にとらわれず、幅広い視野・視点から目標を設定して構いません。

● 目標とする生活は、達成感や自己効力感（達成したときに得られる満足感や遂行できる可能性があると考えられること）を得られることが大切です。本人の非常に強い思いやこだわりが、より主体的な取り組み・生活の支えとなるとケアマネジャー等が判

断した場合は、その思いに沿った目標を優先することで、達成感や自己効力感を得られることがあります 提案。

●目標とする生活の設定は、1 日単位、1 年単位の片方でも、両方でも問題ありません。また、ケアプラン作成時には、どちらか 1 つの目標であったとしても、その後の状況に応じて、追加すること、内容を変更することも差し支えありません（この場合、ニーズに対する目標ではないため軽微な変更となる場合もあります）。

●利用者と相談し、目標とする生活が 1 日単位、1 年単位に馴染まない場合には、週単位、月単位等も検討します（例：【週単位】週 2 回は 3 丁目公園に散歩に行く） 提案。

 ## わかりにくい書き方

●抽象的で、曖昧な内容になっていると利用者にわかりにくくなります。また、そもそも記載されていないこともあります。

●「デイサービスに通いたい」など生活のなかでの目標でなく支援ありきの内容になっています。

●利用者が本心から考える目標でなく、家族や支援者が望む本人のモチベーションにつながらない目標になっています。

 ### 書き方のポイント

①利用者の意向・望みを引き出すアプローチをします。

②利用者が主体的に取り組める内容を記載します。

③ 具体的な生活のなかでの状態像となるように設定します。

④「こうはなりたくない」という意向に着目し、本当は「どうありたいか」という前向きな意向につなげていきます。

⑤ 1 日・1 年という単位に縛られすぎず、その内容に応じた期間や頻度の設定を考えます（1 日・1 年の双方の目標に整合性があるかどうかは、意識しなくても問題ありません）。

 ## わかりにくい書き方の文例

・できるだけ歩く
・歩きすぎない（無理をしない）
・これまでどおり暮らしたい
・安心して暮らしたい
・可能な範囲で体操をする
・日中は、できるだけ寝ないようにする
・健康でいたい

わかりやすい書き方の文例

【1日】
・朝夕に愛犬の散歩に行く
・雨の日以外は3丁目公園まで散歩する
・長女に毎日LINEで体調を伝える
・洗濯物干しを毎日する

【1年】
・次女の住む町へ新幹線で行く
・庭いじりを継続する
・糖尿病で入院しない
・○○レストランに妻とランチに出かけられるようになる

【目標に応じた頻度の設定】
・（週単位）週2回は、自炊する
・（月単位）1か月に1回は、娘と一緒に○○まで買い物に行く

ケアプラン点検者 はココを見る！

☐利用者の意向が具体的に引き出されているか。
☐主体的な取り組みにつながるような具体的な内容であるか。

居宅ケアプラン とココが違う！

・1日・1年という区切りがあることは介護予防ケアプラン独自の点ですが、居宅ケアプラン第1表「利用者及び家族の生活に対する意向を踏まえた課題分析の結果」欄と考え方は似ています。
・本欄は、「本人の意向（希望）＝目標」というイメージです。

＋α 目標とする生活の留意点

● 1日・1年の目標について、居宅ケアプランのように長期目標・短期目標という考え方ではなく、1日と1年のそれぞれの目標が、直接的なつながりを要しておらず、どちらか一方の記載でよいという点も押さえておきます。また、必ずしも、【1日】【1年】ではなく、利用者の思いや状況に応じて【午前中】【3か月】等の表記も考えられます。
● 利用者の思いや状況等を優先して設定されます。「課題に対する目標と具体策の提案」（p.60）における目標は、ニーズに対しての目標です。つまり、解決すべき課題を解決するという視点に立ったうえでの目標設定であるため、本欄とは目的が異なります。

アセスメント領域と現在の状況

厚労省通知

　各アセスメント領域ごとに、日常生活の状況を記載する。各アセスメント領域において「現在、自分で（自力で）実施しているか否か」「家族などの介助を必要とする場合はどのように介助され実施しているのか」等について、その領域全般について聴取。アセスメントは、基本チェックリストの回答状況、主治医意見書、生活機能評価の結果も加味して行う。聴取するにあたって利用者と家族の双方に聞き、実際の状況と発言していることの違い、利用者と家族の認識の違いなどにも留意する。利用者・家族からの情報だけでなく、計画作成者が観察した状況についても記載する。

　「運動・移動について」欄は、自ら行きたい場所へ様々な手段を活用して、移動できるかどうか、乗り物を操作する、歩く、走る、昇降する、様々な交通を用いることによる移動を行えているかどうかについて確認する必要がある。

　「日常生活（家庭生活）について」欄は、家事（買い物・調理・掃除・洗濯・ゴミ捨て等）や住居経済の管理、花木やペットの世話などを行っているかについて確認する必要がある。

　「社会参加、対人関係・コミュニケーションについて」欄は、状況に見合った適切な方法で、人々と交流しているか。また、家族、近隣の人との人間関係が保たれているかどうか。仕事やボランティア活動、老人クラブや町内会行事への参加状況や、家族内や近隣における役割の有無などの内容や程度はどうかについて確認する必要がある。

　「健康管理について」欄は、清潔・整容・口腔ケアや、服薬、定期受診が行えているかどうか。また、飲酒や喫煙のコントロール、食事や運動、休養など健康管理の観点から必要と思われた場合、この領域でアセスメントする。特に、高齢者の体調に影響する、食事・水分・排泄の状況については、回数や量などを具体的に確認する必要がある。

 わかりやすい書き方とその考え方

● 面談（アセスメント）での観察・評価だけでなく、基本チェックリストの回答状況、主治医意見書、生活機能評価の結果も加味します。面談では、利用者と家族の双方の意見を聞きます。

● 日常生活の状況を確認し、「できるか」ではなく、**実際に「している状況」**を記載することが重要です。その際、自力で行っているのか、声かけや見守りといった周囲のサポートや環境を活用して行っているのかも記載します。現状を把握したうえで、**「できるけどしていない」「したいけど、できない状況にある」こと**を中心に記載します。ただし、アセスメントの視点として、「できない（していない）」ことだけでなく「している（できる）」ことにも着目します。

● 利用者・家族からの回答をそのまま記載するのではなく、ケアマネジャー等が観察した状況も踏まえて、記載します。

● **利用者・家族の病識や心情に配慮した書き方**をします。その文章を利用者や家族が読

んだときに、どのような印象を受けるのかを意識することが必要です。

 ## わかりにくい書き方

- 専門職の視点で取捨選択することなく、把握した情報をすべて記載していることで、煩雑な記録になっていることがあります。また、アセスメント表の代わりのように使用している場合もあります。
- 「認知症 / 暴言・暴力あり」「双極性障害 / 妄想が深刻」など、本人や家族の心情への配慮に欠ける書き方をしていることがあります。

 ## 書き方のポイント

① 利用者の日常生活の現状を記載します。利用者の意向や自立を阻害する要因は本欄には記載しません。

② 4つのアセスメント領域について聞き取った詳細事項は別紙に記載し、計画に必要な内容を選択（判断）して記載します。その判断には、「できるけどしていない」「したいけど、できない状況にある」ことを軸とします。

③ 本欄は、ニーズ（解決すべき課題）につながるような、利用者本人の生活のポイントとなることを記入します 提案 。なお、4領域における詳細な現在の状況については、p.32 で提案した（介護予防）課題分析表等を活用し、丁寧に把握します。

 ## わかりにくい書き方の文例

【状態像の記載が明確でない】
・食事をつくらないことが多い
・ペットのことを何より大切にしていて、自分のことがおろそかになっている
【一文にさまざまな要素が入っている】
・バスに乗って駅まで行くことができるが、電車に乗ることは難しく、買い物には行ける
・気分によって、通院できないことがあるが、散歩に行くことが多い
【利用者・家族の心情への配慮に欠けている】
・家に閉じこもっている
・医者に止められているのに飲酒をやめない

わかりやすい書き方の文例

【できるけど、していない】

・家事のすべてを妻がしている（能力的には本人ができるが
　していない）‥‥‥‥‥‥‥‥‥‥‥‥‥‥‥‥‥‥‥‥ 日常生活（家庭生活）

・日中は、自宅内で生活している（外出できる能力はあるが
　していない）‥‥‥‥‥‥‥‥‥‥‥‥‥ 社会参加、対人関係・コミュニケーション

・3 日に 1 回、血圧を測っている（本当は毎日測定するよう
　に医師に言われている）‥‥‥‥‥‥‥‥‥‥‥‥‥‥‥ 健康管理

【したいけど、できない状況にある】

・外出機会は週 1 回程度、自宅から 80m 先のコンビニに行
　くのみ（転びそうだからやめてと家族に言われている）‥‥ 運動・移動

・他者との会話は家族以外には、ほとんどない（色々な人と
　話したい気持ちがある）‥‥‥‥‥‥‥‥ 社会参加、対人関係・コミュニケーション

【できること（サポートを受けてできること）】

・長女の見守りを受けて、○○公園まで歩くことができる ‥‥‥ 運動・移動

・次女に手伝ってもらい、週 1 回ゴミ出しをしている ‥‥‥ 日常生活（家庭生活）

・1 日 2 ℓ の水分を摂っている ‥‥‥‥‥‥‥‥‥‥‥‥‥ 健康管理

ケアプラン点検者
はココを見る！

□各領域に書いた内容が、アセスメン
　ト結果（課題分析表等）と対応し、
　整合性があるかどうか。

居宅ケアプラン
とココが違う！

・4 領域ごとに、現状を記載する本項目
　は、介護予防ケアプラン独自ですが、
　居宅介護支援で使用する課題整理総括
　表と似ています。ただし、本欄は総括
　表と異なり、計画に必要な内容のみを
　記載します。

本人・家族の意欲・意向

厚労省通知

　各アセスメント領域において確認をした内容について、<u>利用者・家族の認識とそれについての意向</u>について記載する。例えば、機能低下を自覚しているかどうか、困っているかどうか、それについてどのように考えているのか等。

　具体的には、「○○できるようになりたい」「手伝ってもらえば○○したい」と記載し、その理由についても確認する。ただし、利用者と家族の意向が異なった場合は、それぞれ記載する。否定的ないし消極的な意向であった場合は、その意向に対し、ただちに介護予防サービス計画等を立てるのではなく、<u>その意向がなぜ否定的なのか、消極的なのかという理由を明らかにすることが介護予防支援及び介護予防ケアマネジメントでは大切</u>である。これは、具体策を検討する際に参考情報となる。

 わかりやすい書き方とその考え方

● 4つのアセスメント領域における現在の状況に対して、利用者・家族がどのように考えているか、その認識と意向を記載します。「できていないことをできるようにしたい（改善）」「できることを継続したい（維持）」「できることをさらにできるようにしたい（可能性）」といった視点で利用者・家族の意向を引き出し、記載します。

● 「アセスメント領域と現在の状況」に記載してある各領域の内容に対応するように記載します。利用者や家族の否定的な意見は、ケアプランに残さなくてもよいですが、**否定的になっている理由を把握**しておくことが重要です。

● **本人の前向きな意向がわかる場合**に「○○したい」「○○なりたい」という書き方をします。本人の意向が明確でない場合や消極的な場合、「○○したい」という表現に書き換えてしまっているケアマネジャー等もいますが、本人の意向を尊重することが何より重要で、無理に「○○したい」という表現を使う必要はありません。

● 本人・家族の意欲・意向を引き出す流れ

4つのアセスメント領域について、課題分析および課題抽出をし、状況把握・確認。

↓

「③アセスメント領域と現在の状況」で記載した内容を中心に、ニーズや可能性も含めて、ケアマネジャー等が利用者・家族に丁寧に説明。

↓

説明された内容について、利用者や家族がどのように認識しているかを確認。利用者・家族の「○○したい」「○○したくない」という意向を記載。

わかりにくい書き方

● 4 つのアセスメント領域で記載した内容に対して、「お任せしたい」「よくわからない」等の記述ばかりで利用者等の具体的な認識や意向がわからないことがあります。

● 4 つのアセスメント領域の把握した内容に対して、すべての意向を聞いて記載しており、計画期間内で取り組むべきことや重視すべきポイントがわかりにくくなっていることがあります。

● 誰の意見かがわからない記載になっていることがあります。利用者と家族の意向を分けて書くのはもちろんのこと、家族は続柄で示し、家族内で意見が分かれている場合も、それがわかるようにします。

 書き方のポイント

① 4 つのアセスメント領域において確認した現在の状況それぞれに対して、利用者・家族の意向を記載します。利用者と家族の意向を区別し、家族等については、続柄を記載します。

② ケアマネジャー等が書き換えることなく、利用者・家族の発言した言葉で記載します。

③ 否定的な発言（特定の誰かの悪口等）や本人が知らされていない（または理解が不十分）疾患情報等については配慮した記載をします。

 わかりにくい書き方の文例

・（本人）よくわからない、特に希望はない
・（本人）○○が行くなと命令するから行きたいのに行けない
・（家族）やれることは、すべて努力してほしい
・（家族）全くやる気がないので、困る

わかりやすい書き方の文例

- （本人）助けを借りてでも○○公園に行けるようになりたい ……… | 運動・移動 |
- （長女）もう少し歩けるようになったら、日帰り温泉に一緒に行きたい | 運動・移動 |
- （本人）妻に心配や負担になることはしたくない ……………… | 日常生活（家庭生活）|
- （妻）　洗濯物干しを一緒にやりたい …………………………… | 日常生活（家庭生活）|
- （本人）町内会の夜の見守り活動を継続したい ……… | 社会参加、対人関係・コミュニケーション |
- （次男）友人と月1回は会えるようサポートしたい ……… | 社会参加、対人関係・コミュニケーション |
- （本人）薬を飲み忘れないよう、声をかけてほしい ……………… | 健康管理 |
- （本人）季節の変わり目は、歩きたくても腰が痛い ……………… | 健康管理 |

＼ ケアプラン点検者 ／
はココを見る！

□利用者および家族が現状に対して、どのように認識・判断しているかの意向を明確に聞き取っているか。

＼ 居宅ケアプラン ／
とココが違う！

・居宅介護支援でも、課題分析等の結果について利用者に説明・相談し、それに対する意向を聞き取りますが、それをケアプランに記載する欄はありません。

＋α 意欲も大切だけど、「認識」も重要

　現状に対する「意欲」、ニーズに対する「意欲」など、「意欲の有無」が非常に重視され、ケアプラン点検や介護支援専門員法定研修（事例検討）などを見ても、「意欲低下」という発言を非常に多く耳にします。時に、意欲がないことがダメで、課題であるかのように……。

　確かに、意欲的であることは理想ですし、高いモチベーションにもつながります。しかし、意欲は最終的な感情であり、意欲の前は【認識があるか】だと思います。

　認識の具体例として、「薬の飲む必要があることはわかっているけど、寝る前の薬だけを忘れてしまう」「歩かないといけないことはわかっているけど、寒い・暑いと言い訳して歩かずにいる」。これらの認識があれば、「では、寝る前に薬が飲めるような方法を一緒に考えましょう」「どうしたら歩けるようになるかを一緒に考えましょう」となります。

　現在の認識をもとに、解決方法を探り、実践するなかで「意欲」が湧いてくることもあるはずです 提案 。

⑤ 領域における課題（背景・原因）

厚労省通知

　各アセスメント領域において生活上の問題となっていること及びその背景・原因を「アセスメント領域と現在の状況」「本人・家族の意欲・意向」に記載した内容や、実際の面談中の様子、利用者基本情報、主治医意見書、生活機能評価の結果等の情報をもとに健康状態、心理・価値観・習慣、物的環境・人的環境、経済状況等の観点から整理し、分析する。その際、基本チェックリストのチェック結果についても考慮する。ここには、現在課題となっていることあるいはその状態でいると将来どのようなことがおこるかなど課題を予測して記載する。結果として、その領域に課題があると考えた場合に「□有」に■印を付す。

 ## わかりやすい書き方とその考え方

- 専門職として、各アセスメント領域における**解決すべき課題（ニーズ）とそれに対する原因・背景を分析**し、その結果を記載します。課題が多岐にわたる場合は、ケアプラン上に位置づけたほうがよいと判断される課題（ニーズ）を中心に、記載します。

- 利用者等の認識不足や性格、長年の習慣などが課題の原因・背景となっていると考えられる場合、**十分に利用者等の認識や感情を考慮したうえで**、記載します（例：お金があればあるだけ使う性格。競馬が大好きで、食費にまわらない状況）。

- 現在の課題だけでなく、その課題がそのままの状態であったときに生じる将来的な課題も記載します。この際の「将来的」とは、3か月や6か月、1年後など、**利用者等が具体的に想像できる範囲**を考えます。

- 「本人・家族の意欲・意向」において、現在課題となっていることあるいは将来的に課題となるような状況に対して、否定的・消極的な意向が事前に確認されていた場合でも、その背景・原因を分析し、必要に応じて記載します。

- 改善の可能性（○○をすればできるようになる）がある場合にも、現在、課題となっていれば「□有」にチェックします。なお、アセスメント領域に課題がない場合は、未記載でも問題ありません。

わかりにくい書き方

●内容が抽象的で、特に時期の表記が曖昧でわかりにくいことがあります（例：若い頃、昔は、将来的に）。

●利用者の認識・意欲や生活歴等、課題の背景・原因として考えられることも、利用者や家族の心情に配慮しないと、「マイナス面の羅列」のようにみえてしまうこともあります。

●複数の要素が長々と記載されていることで、課題とその原因・背景がわかりづらくなっていることがあります。

 ## 書き方のポイント

①できるだけ簡潔に、課題、原因・背景を記載します。本欄に、利用者・家族等の意向や解決策は記載しません。

②原因が特定できない場合には、「明確な原因はわからない」などと記載します。

③利用者や家族の同意を得た内容を記載します（特に利用者に関するネガティブな情報・家族関係等）。

④アセスメント領域内で課題がない場合には記載しなくても問題ありません。

 ## わかりにくい書き方の文例

【抽象的な表現で、課題や その原因・背景がわかりづらい】
・全体的に意欲低下がある
・閉じこもりがち
・家族との接点が少ない

【利用者・家族の心情への配慮に欠けている】
・近隣とは折り合いが悪く、付き合っていない
・お金は、あればあるだけ昔から使ってきた
・夫が何でもしてしまうせいで、本人のやることがない
・本人のやる気がなく、食事制限を守れない

わかりやすい書き方の文例

- 常に右足痛があることで、歩行能力が低下する可能性がある　　　　　| 運動・移動 |
- 令和 5 年 8 月に自宅で転んだときの記憶から、歩くことに常に恐怖心があり、外で歩くことが難しくなっている　　　　| 運動・移動 |
- 妻には迷惑をかけたくないと強く案じることから、一人で掃除や買い物を実施しており、膝の痛みが悪化する可能性がある　| 日常生活（家庭生活） |
- ゴミ出しを忘れることが続き、部屋にゴミが溜まってしまっている　| 日常生活（家庭生活） |
- 一人暮らしになり自炊が面倒になることで、必要な栄養がとれていない（体重低下）　| 日常生活（家庭生活） |
- 身体を動かす必要性は理解しているが、何をしても楽しくないと感じているため、活動量が低下している　| 社会参加、対人関係・コミュニケーション |
- 人との交流を好まないため、他者との交流がほとんどなく、自宅内のみでの生活となっている　| 社会参加、対人関係・コミュニケーション |
- 他者と会話をしないことが 1 週間続くこともあり、孤立感を感じている　| 社会参加、対人関係・コミュニケーション |
- 食前薬を飲み忘れることで、血糖値を管理できない可能性がある　| 健康管理 |
- 健康のためと思い、市販のサプリメントを大量に服用しているが、「飲まなければいけない」という強迫観念が強くなり、活動性が低下している　| 健康管理 |

＼ ケアプラン点検者 ／
はココを見る！

□ 領域ごとの課題に対して、専門職としての原因分析および背景の理解ができているか。また、それが的確であるか。

＼ 居宅ケアプラン ／
とココが違う！

・居宅介護支援では、課題整理総括表などでアセスメント項目ごとの課題やその原因・背景を分析しているため、ケアプラン上には本項目のような内容は掲載されていません。

⑥ 総合的課題

厚労省通知

　前項目で分析した各「領域における課題」から、利用者の生活全体の課題を探すため、直接的な背景・原因だけでなく、間接的な背景・原因を探り、各領域における課題共通の背景等を見つけ出す。そして、利用者にとって優先度の高い順で課題を列挙する。また、課題とした根拠を記載する。例えば、複数の領域それぞれに課題があったとしても、その課題の原因や背景などが同一の場合、統合して記述したほうが、より利用者の全体像をとらえた課題となる。ここには、支援を必要とすることを明確にするために課題だけを記載し、意向や目標、具体策などは記載しない。

　ここであげる総合的課題に対して、これ以降の介護予防支援及び介護予防ケアマネジメントのプロセスを展開するため、優先度の高い順に1から番号を付す。

 ## わかりやすい書き方とその考え方

● 利用者にとって優先度の高い順で記載します。複数ある場合には、番号を付します（例：①②③）。

● 4領域ごとの課題を列記するのではなく、**各領域を横断した生活全体の課題**を記載します（4領域ごとの課題のなかで特に必要なものは記載しても、問題ありません）。

● 本欄は、**課題のみを記載**します（意向や目標、具体策等は記載しません）。

● 課題よりも、可能性の記載のほうがわかりやすい、利用者のモチベーションにつながると判断した場合は、「○○はできるが、今はしていない」という表記もあり得ます。

 ## わかりにくい書き方

● 領域における課題をそのまま転記していることがあります。逆に、各領域における課題で全くふれられていない内容が記載されていることがあります。介護予防ケアプラン内で整合性がとれるよう注意します。

● 生活全体の課題が抽象的すぎて、何が問題であるかがわからないことがあります（例：全体的に意欲が湧かない）。

書き方のポイント

①生活全体の課題として重要かつ優先すべきニーズがあるものを記載します。複数の総合的課題がある場合には、優先度の高い順に記載します。

②各領域における課題に共通する理由（原因）を検討したうえで、抽出される課題を記載します。

③課題の根拠（自立を阻害している要因）を併せて記載します。

 わかりにくい書き方の文例

【具体策や意向が記載されている】
・全体的に元気がないので通所介護に行くとよい
・家事全般をやりたくない

【抽象的でわかりにくい】
・自宅で暮らしたい思いがあるが不安が大きい
・健康的な暮らしができていない
・腕が痛く、できないことがある

 わかりやすい書き方の文例

・転倒への不安から身体を動かす機会が減っていることで、家事全般（調理・洗濯・掃除）が十分といえない
・両膝の痛みが強いことにより、買い物に行く頻度が減ってきている（週1回⇒月2回）
・服薬を忘れると、おっくうな気持ちになり、1日のすべきこと（ストレッチ・ゴミ捨て）ができていない
・体重の増加により膝に負担がかかり、外出が難しくなっている
・歯みがきがうまくできないことで歯に痛みが生じ、十分な量の食事が摂れていない（BMI 15.7）
・夏場になると脱水症状をおそれ、歩く機会が減るため、転びそうになることが多い
・冬場になると関節リウマチで手指の痛みが強まり、何日も同じ洋服で過ごしている

ケアプラン点検者
はココを見る！

□4つのアセスメント領域ごとの課題を踏まえたうえで総合的な課題が抽出されているか。
□複数の領域における課題に対して、大元となる原因が検討されているか。

居宅ケアプラン
とココが違う！

・居宅ケアプランの第2表「生活全般の解決すべき課題（ニーズ）」欄に似ている項目ですが、居宅ケアプランでは、4つのアセスメント領域を統合する等の考え方はありません。

⑦ 課題に対する目標と具体策の提案

　「総合的課題」に対して、目標と具体策を記載する。この目標は、利用者や家族に対して専門的観点から示す提案である。したがって、本人や家族の意向は入っておらず、アセスメントの結果が現れる部分である。適切にアセスメントがされたかどうかは、この項目と意向を踏まえた目標と具体策を比較すると判断できるため、介護予防支援業務を委託する場合における地域包括支援センターでの確認は、この項目をひとつの評価指標とすることができる。このため、目標は漠然としたものではなく、評価可能で具体的なものとする。

　具体策についても、生活機能の低下の原因となっていることの解決につながる対策だけでなく、生活機能の低下を補うための他の機能の強化や向上につながる対策等、様々な角度から具体策を考える。具体的な支援やサービスは、サービス事業や一般介護予防事業、介護保険サービスだけではなく、生活機能の低下を予防するための利用者自身のセルフケアや家族の支援、民間企業により提供される生活支援サービス、地域のインフォーマルサービスなどの活用についても記載する。今後、次の項目である「具体策についての意向 本人・家族」欄で同意が得られた場合は、ここで提案した目標と具体策が介護予防サービス計画等の目標と支援内容につながっていく。

　計画作成者はアセスメントに基づき、専門的観点から利用者にとって最も適切と考えられる目標とその達成のための具体的な方策について提案することが重要である。

わかりやすい書き方とその考え方

● 目標と具体策を区分して、わかりやすく記載します。あくまで、**専門的な観点からの提案**として設定します（利用者等の意向や希望は反映させません）。目標と具体策は、サービス導入ありきで考えるのではなく、「**セルフケア**」の現状と可能性を重視して検討します。

● 目標は、利用者等も評価が可能となる具体的な内容で記載します（数値化できるもの（距離・体重・血圧等）は数値化します）。目標設定の際、期間・頻度なども検討し、記載します（月1回、週2回、毎日など）　提案 。

● 目標を設定する際には、いつまでにその目標を実現できるかを検討し、その期間を記載します（令和○年○月○日～令和○年○月○日）　提案 。（その際、要支援認定の有効期間を考慮します）。

● 具体策には、セルフケアや家族支援、インフォーマルサポートについても位置づけます。本欄では、簡潔に記載し、詳細は支援計画（「介護保険サービスまたは地域支援事業」欄、「本人等のセルフケアや家族の支援、インフォーマルサービス」欄）に記載します。具体策設定の際、期間・頻度なども検討し、記載します　提案 。

わかりにくい書き方

● 目標と具体策の区分が曖昧でわかりにくいことがあります。また、利用者・家族の希望を優先したような内容になっていることがあります。

● 目標が抽象的で評価できない書き方になっていることがあります（例：毎日、笑顔で生活している）。

● 本人や家族がしていること（セルフケア・インフォーマルサポート）が位置づけられていないことがあります。

 書き方のポイント

① 専門的観点のみで記載します（利用者の意向や希望の影響を受けません）。

② 目標は、具体的に記載します。

③ 具体策は、簡潔に記載します（詳細な内容は、支援計画欄に記載します）。

④ 利用者自身でも評価できるような内容とします。

⑤ 基本的にはサービス名の記載ではなく、対策（すべきこと）を記載します。

 わかりにくい書き方の文例

【目標】
・不安なく生活している
・家事のできる範囲が増えている
・歩く距離が伸びている
・できることが増えている
・地域行事に参加している（地域行事とは何かが不明瞭）

【具体策】
・可能な範囲で散歩する
・できる限り身体を動かす
・無理のない範囲で家事を行う

 わかりやすい書き方の文例

【目標】
・月 1 回、●●医院（自宅から○○m）に歩いて通院できる（令和 6 年 5 月 3 日～令和 7 年 4 月 30 日）

【具体策】
・機能訓練（歩行訓練）を週 3 回（火・木・金）行う
・自宅で自主トレーニング（週 4 回（月・火・木・金））を行う
・○○神社のラジオ体操に参加する（毎朝 6 時）

【目標】

・長女のために週3回（月・水・金）は夕食をつくる（令和6年12月20日〜令和7年6月30日）

【具体策】

・週3回（月・水・金）は買い物に行く
・右手の握力強化のため自主トレーニングを毎日行う（ゴムボール）

【目標】

・朝の薬（血圧・心臓）を忘れずに服用する（令和7年3月9日〜令和7年8月31日）

【具体策】

・寝る前に、薬とくすり確認表をテーブルに出す（就寝前）
・服薬したら、くすり確認表に毎回記入する

＼ ケアプラン点検者 ／
はココを見る！

□ 具体的かつ評価できる目標になっているか。
□ 介護保険サービスありきではなく、セルフケアや家族のしていること等（インフォーマルサポート）が加味されているか。

＼ 居宅ケアプラン ／
とココが違う！

・居宅ケアプランの目標と同様に、「具体的であること」「利用者が目指す内容であること」「利用者自身が評価できる内容であること」が大切です。
・ただし、本欄は、専門的観点から提案する、利用者等の同意を得る前のものという点が異なります。

＋α 【目標とする生活】と【課題に対する目標】の違い

　目標とする生活は、「本人等の望みや希望」であり、課題に対する目標は、専門職が判断した課題を解決した後の具体的な状況（状態）を指しています。

目標とする生活

「毎日、日帰り温泉に通う」
「夏は高校野球観戦に○○スタジアムに行く」
「○○祭りに夫と浴衣を着て出かける」

課題に対する目標

「屋内外で転ばずに生活する」
「整髪・化粧・着替えを毎日する」
「体重○○kgを維持する」

　目標とする生活を実現することと、課題に対する目標が連動している場合には、特に本人の意欲的な取り組みにつながるよう留意します。

目標とする生活

「夏は高校野球観戦に○○スタジアムに行く」

課題に対する目標

「屋内外で転ばずに生活する」
「バスと電車で○○医院に通院する」

⑧ 具体策についての意向　本人・家族

厚労省通知

　計画作成者が提案した「課題に対する目標と具体策」について、利用者や家族の意向を確認して記載する。ここで、専門家の提案と利用者の意向の相違点が確認できる。ここでの情報は、最終的な目標設定を合意する上での足がかりとなる。

　合意が得られた場合は、「○○が必要だと思う」「○○を行いたい」等と記載する。合意が得られなかった場合には、その理由や根拠等について、利用者や家族の考えを記載する。

 わかりやすい書き方とその考え方

● 提案に対しての意向は、利用者と家族（続柄）を区分して記載します。

● 利用者・家族の意向を確認し、ケアマネジャー等が提案した目標と具体策に対し、合意が得られた場合には、その旨を記載します。利用者・家族の発言内容から、「○○を行いたい」「○○が必要だと思う」等と基本的には記載しますが、無理に「○○を行いたい」といった表現に当てはめる必要はありません。

● 単に「合意した」「それでよい」などではなく、利用者・家族の具体的な意見を引き出すことが重要です。また、「部分的に合意できる」「部分的に合意できない」場合もあり、その程度や理由を確認することが必要です。

● 利用者・家族の意向を確認し、**合意が得られない場合には、その理由**を記載します。面談等を通じて、内容を変更する等の話し合いをしても、合意が得られない場合には、本欄に合意を得られない理由を記載したうえで、「【本来行うべき支援が実施できない場合】妥当な支援の実施に向けた方針」（p.81）に今後の方針等を記載します。内容を変更することで合意が得られた場合は、内容変更後の利用者や家族の意見を記載します（変更された目標や具体策は、「目標」欄に記載します）。

 わかりにくい書き方

● 利用者と家族の意向が区分されておらず、誰の発言かがわからないことがあります。また、利用者等の意向として、実際の発言のニュアンスと違って「○○したい」「○○が必要だと思う」という画一的な記載となっていることがあります。

● 専門職としての提案に対する、利用者からの逆提案等があったとしても、その内容が記載されていないことがあります。

書き方のポイント

①利用者と家族の意向は、区分して記載します。

②利用者・家族から合意が得られた場合、「○○が必要だと思う」「○○を行いたい」
　等と記載します。

③合意が得られない場合、その理由や提案に対しての意見を記載します。

 わかりにくい書き方の文例

【本人】
・○○が必要だと思う（実際の利用者の意見は、「とりあえずやってみる」であり、ニュ
　アンスが違う）
・どっちでもよい（可も不可もない意見で、明確な意向を引き出せておらず、合意した
　根拠として明確でない）
・やりたくないけど、しょうがない（否定的な感情の理由がわからず、合意した根拠と
　して明確でない）
【家族】
・頑張るのは本人だからどちらでも構わない
・合意する（家族としての具体的な意見がない）

 わかりやすい書き方の文例

【合意が得られた場合】
・（本人）歩くことは必要だと思う
・（本人）電車に乗って病院に行けるようになるために、取り組みたい
・（長女）できるだけ本人のサポートをしたい（具体的なサポート内容は、支援計画の「本
　人等のセルフケアや家族の支援、インフォーマルサービス」欄に記載）
・（長男）トイレのことだけは、頑張ってもらいたい
【消極的な合意が得られた場合】
・（本人）とりあえず、やってみようと思う
・（本人）自信はないけど、取り組んでみる
・（夫）運動はしたほうがよいと思うが、続けられるかを少し心配している
【合意が得られなかった場合】
・（本人）膝の痛みが強くなるのが嫌なので、歩行訓練は受けたくない
・（次男）本人が痛がると精神的なサポートが増えるので、歩行訓練は受けなくてもよ
　いと思う

ケアプラン点検者 はココを見る！	居宅ケアプラン とココが違う！
☐合意が得られなかった場合の、経緯や利用者・家族との相談が適切であるかどうか。 ☐合意が得られなかった場合の、今後の方針等について計画作成者としての考えや行動計画が適切であるかどうか。	・居宅介護支援でも、目標や具体策に対する意見を確認することは面談のなかで行われていますが、本欄のようにケアプラン上に記載することはありません。

＋α　具体策について合意が得られない場合

　本欄において、「具体策について合意が得られない場合」は、その理由や提案に対する意見を記載します。具体策についての意向を確認するまでの実際の面談の流れから考えてみましょう。

実際の面談の流れ

①アセスメント結果を踏まえ、専門職として判断したニーズを口頭で説明
　（領域における課題＋総合的課題）

②ニーズ等に対しての利用者および家族の意欲（認識）・意向を口頭で確認

③専門職から、ニーズ（課題）解決を図った先の目標（到達点）と実現のための具体策を口頭で説明

④目標・具体策に対しての利用者および家族の意向を確認

　④で重要なことは、専門職が示した目標や具体策に対する利用者・家族の意向を、紋切型で「合意・一部合意・合意しない」ととらえないことです。示した内容に対して、**面談の場面で「利用者・家族と相談をしている」というスタンスでいることが重要**です。提案に対する率直な意見を聞いたり、「こういう方法はどうか」という逆提案を受けたり、目標はもう少し低いほうが現実的ではないかといった議論をしたりするなど、互いが納得できるよう利用者・家族の意向を十分に引き出します。

　基本的には、こういった相談過程を踏まえてケアプランを立案します。そのため、「具体策について合意が得られない場合」というのは、**専門職として「絶対に外せない内容（例：処方薬の服用）」**に対して、利用者が**「どうしても合意できない（例：薬は飲みたくない）」場合**に記載します。

⑨ 目標

厚労省通知

　前項目の利用者や家族の意向を踏まえ、計画作成者と利用者・家族の三者が合意した目標を記載する。当初から「課題に対する目標と具体策」について合意を得られていた場合には、「同左」あるいは「提案どおり」などを記載してもよい。

わかりやすい書き方とその考え方

● 利用者・家族と計画作成者（ケアマネジャー等）が**合意した目標**を記載します（目標設定には、サービス担当者会議にて専門的見地から意見を求めることも大切です）。なお、あくまでも最終的な選択・決定をするのは利用者本人です。ケアマネジャー等が利用者・家族を説得し、無理矢理合意させるといったことがないよう、本人の意思の尊重を前提として押さえておきましょう。

● 当初から「課題に対する目標と具体策の提案」について合意が得られていた場合には「同左」「提案どおり」などと記載します。ただし、目標の一部でも修正した場合は、多職種や利用者が見間違えないよう、改めて本欄に目標を書きましょう。

● 「課題に対する目標と具体策の提案」について、当初合意が得られなかったが、目標および具体策を変更・修正することで合意を得られた場合には、**「変更・修正後の内容」**を記載します。

● 「課題に対する目標」で提案した目標を実現するための期間についても、利用者・家族の合意を得たうえで記載しておきます 提案 。

わかりにくい書き方

● 「課題に対する目標と具体策の提案」で合意が得られず、目標および具体策を修正したにもかかわらず、修正後の内容等の記載がないことがあります（「同左」と誤った記載になっていることがあります）。

66

書き方のポイント

①利用者・家族と計画作成者（ケアマネジャー等）が合意した目標を記載します。

②当初から「課題に対する目標と具体策の提案」について、合意が得られていた場合には、「同左」「提案どおり」と記載します（修正内容のみ本欄に記載します）。

③修正した内容については、具体的かつ利用者等にわかりやすく記載します。

 ## わかりやすい書き方の文例

・同左

・提案どおり（当初から「課題に対する目標と具体策」について合意が得られていた場合）

ケアプラン点検者
はココを見る！

□三者が合意するプロセスが適切であるかどうか。

□「課題に対する目標と具体策の提案」について、利用者等の意見を踏まえ、当初の内容から修正されている場合、相談内容や変更内容が適切であるかどうか。

＋α　目標の期間

　居宅ケアプランには、目標に付する期間を記入する欄がありますが、介護予防ケアプランには目標の期間を記載する欄はありません。しかし、目標をいつまでに実現するのかという視点がないと、目標や具体策を検討しづらくなるのではないでしょうか。そこで、介護予防ケアプランにおいても、目標を達成するために必要な期間の開始時期と終了時期を記載することを提案しています。

　その際、サービスを提供する「期間」との整合性や要支援認定の有効期間も考慮しましょう。

⑩ 目標についての支援のポイント

厚労省通知

　前項目の目標に対して、計画作成者が具体的な支援を考える上での留意点を記入する。
　ここには、目標達成するための支援のポイントとして、支援実施における安全管理上のポイントやインフォーマルサービスの役割分担など、様々な次元の項目が書かれることがある。

 ## わかりやすい書き方とその考え方

●ケアマネジャー等が具体的な支援を考えるうえでの留意点を記載します。疾患等への対応については、必要に応じて医師等の所見を得るなどして記載します。目標を実現するために必要な内容として、安全面・環境面での注意点、役割分担（家族・インフォーマルサポート等）などさまざまな要素が考えられます。

 ## わかりにくい書き方

●曖昧な表記になっていたり（例：できるだけ自分で行う）、支援の留意点ではなく手段等が記載されていたりします（例：通所介護に休まず通う）。

 ### 書き方のポイント

①計画作成者（ケアマネジャー等）の視点から支援上の留意点を記載します。目標を実現するために必要な安全管理上のポイント、役割分担（利用者本人・家族・サービス担当者等）などを記載します。

②疾患等への対応については、必要に応じて医師等の所見を確認するなどして記載します。

③環境面（気候など）により変化が推測される事柄についても記載しておきます。

わかりにくい書き方の文例

【曖昧で抽象的な表現になっている】
・無理のない範囲で実施する
・できるだけ実施する
・健康に気をつける
・なるべく安心してもらえるようにする

 わかりやすい書き方の文例

【支援を実施するうえでの留意点】
・雨天時の膝痛を確認する
・毎晩の睡眠時間を確認する
・本人が頑張りすぎないよう支援する
・両足のむくみの度合いを確認する
【インフォーマルサポートの役割分担】
・長女の腰痛がひどいときには、長男が代わって送迎する
・民生委員と隣家の佐藤さんが、見守り・声かけをする

居宅ケアプラン
とココが違う！

・居宅ケアプランでは、第2表「サービス内容」欄に「留意点」として、支援上共有すべき事項や気をつける事項を記載することもありますが、支援のポイントを書く欄はありません。
・支援のポイントについては、チームメンバー（本人や家族含む）がポイントとして理解・共有すべき内容であることから第1表「総合的な援助の方針」にも近いものといえます。

⑪ 本人等のセルフケアや家族の支援、インフォーマルサービス（民間サービス）

厚労省通知

本人が自ら取り組むことや、家族が支援すること、地域のボランティアや近隣住民の協力、民間企業により提供される生活支援サービスなどもインフォーマルサービスとして記載する。誰が、何をするのか具体的に記載する。

○ わかりやすい書き方とその考え方

- 利用者本人がすでに取り組んでいる、または、目標を達成するために取り組んでいくセルフケアを記載します。また、家族等によるサポート内容や地域のボランティア等による協力内容を記載します。その際、誰が、何をするのかを具体的に記載します。さらに、実施する頻度や時間帯を記載するとよりわかりやすいでしょう 提案 （なお、頻度や時間帯は「期間」欄に記載することも可能です）。

- インフォーマルサポートを明記する場合には、必要に応じて利用者やサポーターの承認を得るようにします。許可を得ていないために不和が生じる可能性があります。また、基本的には定期的に実施されているサポートを位置づけます。

✕ わかりにくい書き方

- 誰が、何を担当し、いつ（頻度や時間帯）実施するのかが、抽象的でわからないことがあります。
- 利用者自身がしていること（セルフケア）の記載が漏れていることがあります。

書き方のポイント

①目標を達成するために、利用者自身がすでに行っていること、また、これから行うことを記載します（セルフケア）。
②支援者は間柄（続柄）で記載し、誰が実施しているのかがわかるようにします。
③不確定要素のある内容ではなく、確実に実施する内容を記載します。
④実施する頻度や時間帯についても記載します。

わかりにくい書き方の文例

- （家族）電話する
- （本人）できることを行う
- （家族）できるときにサポートする
- ゴミ捨てを手伝う（誰が、いつやるのかがわからない）

 わかりやすい書き方の文例

- （本人）足上げ体操（食後 3 回）
- （長男）毎朝、電話で服薬の確認
- （オレンジ倶楽部）声かけサポート（毎週土曜の午後）
- （本人）ゴミ捨て（可燃⇒火曜・金曜　不燃⇒月 2 回木曜朝 8:00 まで）

＋α　頻度や回数、時間帯の記載

　セルフケアやインフォーマルサポートの**頻度や回数**、**時間帯**を明確にすることは、利用者自身が目標の実現を図るうえで、また、生活を形づくるうえで、重要です。

　厚生労働省通知で、「本人等のセルフケアや家族の支援、インフォーマルサービス（民間サービス）」欄は、「誰が、何をするのか具体的に記載する」とあります。頻度や回数、時間帯などわかっているものは必ず記載します。

　ケアプラン点検等を通じて、実際の介護予防ケアプランに頻度や回数等の記載がないと生活像がみえません。居宅ケアプランでは、サービスの頻度等が明記される様式であり、かつ第 3 表「週間サービス計画表」にて少なくとも 1 週間の流れが容易に理解できるようになっています。

　そのあたりのことを踏まえ、介護予防ケアプランでも、頻度や回数、時間帯などを明記し、いつ、何をするのかが利用者にもチームメンバーにもわかりやすくしておくことが必要です。

⑫ 介護保険サービスまたは地域支援事業（総合事業のサービス）

　予防給付、総合事業のサービス事業や一般介護予防事業等含めた地域支援事業の<u>サービスの内容を記載</u>し、どのサービス・事業を利用するかわかるように○印で囲むものとする。

　具体的なサービス内容について、<u>利用者・家族と合意し、目標を達成するために最適と思われる内容については本来の支援として、そのまま記載する</u>。しかし、サービス内容について利用者・家族と合意できない場合や地域に適当なサービスがない場合は、利用者・家族が合意した内容や適切なサービスの代わりに行う地域の代替サービスを当面の支援として括弧書きで、サービス内容を記載する。<u>本来の支援の下に、当面の支援を記載する。</u>

 ## わかりやすい書き方とその考え方

● 利用しているサービス内容を記載します。サービス内容は、具体的に記載し、実施する頻度や時間帯についても記載します 提案 （なお、頻度や時間帯は「期間」欄に記載することも可能です）。加算を算定している場合には、算定基準に即した支援内容を記載します。

● 次のような場合は、括弧書きで記載します。

・サービス内容が、利用者や家族と全面的な合意が得られない場合の「合意できた内容」

・地域に適当なサービスがなく、その代わりに利用するサービスがある場合のその内容

 ## わかりにくい書き方

● サービス内容が簡潔すぎたり、抽象的であったりします（例：入浴）。また、実施する頻度や時間帯の記載がないため、生活スケジュールの全体像が見えないことも多くあります。

 ## 書き方のポイント

① 利用しているサービス内容を記載し、具体的に示します。

② サービス内容のすべてに実施する頻度や時間帯を記載します。

③ 加算を算定している場合、算定要件に即した支援内容を具体的に記載します。

④ 利用者や家族に必要と考えられたサービス内容に合意を得られず、サービス内容

を変更した場合、変更後の合意を得られた内容を具体的に示し、括弧書きにします。その場合、本来の支援と変更後の支援を併記することが利用者にとって有用であるのかを検討します。併記することで、実際の支援内容がわかりづらくなるなど悪影響があると考えられる場合は、本来の支援は記載しないといった判断をします 提案 。

⑤地域に必要なサービス内容がなく、代替サービスを活用する場合には、その内容を具体的に示し、括弧書きにします。「当面の支援」という言葉どおり「差し当たり、一定期間」の場合には本来の支援を記載し、本来の支援を実施できる見込みが十分でない場合には、当面の支援のみ記載します 提案 。

わかりにくい書き方の文例

【サービス内容が抽象的で頻度や時間帯の記載がない】
・リハビリテーション　　　　・入浴　　　　・機能訓練
【口腔機能向上加算を算定しているが算定基準に即した支援内容の記載がない】
・口腔サポート

わかりやすい書き方の文例

・屋内外の歩行訓練（週2回　1回30分）
・握力維持のための手指訓練（週1回　1回15分）
・食事内容の把握と助言（週1回　管理栄養士）　栄養アセスメント加算算定中
・本来の支援：下肢筋力トレーニング（週2回　理学療法士）（当面の支援：自宅内で足上げ体操　1日3回　各10分）
・本来の支援：悩みごとの傾聴　週1回　訪問看護師（当面の支援：声かけサポート週1回　民生委員）

＼ ケアプラン点検者 ／
はココを見る！

□加算が算定されているサービスについて、算定基準に即した支援内容が記載されているか。

＼ 居宅ケアプラン ／
とココが違う！

・居宅ケアプランの第2表「サービス内容」に該当する欄ですが、介護予防ケアプランには、サービス内容に合意できない場合、地域に適当なサービスがない場合も記載する点が特徴的です。

⑬ サービス種別

厚労省通知

「本人等のセルフケアや家族の支援、インフォーマルサービス（民間サービス）」「介護保険サービスまたは地域支援事業（総合事業のサービス）」の支援内容に適した<u>サービス種別を具体的に記載</u>する。

 わかりやすい書き方とその考え方

● フォーマル・セルフケア・インフォーマルを問わず、サービス種別は本欄にすべて記載します。サービス種別は、正式名称で記載します。

 わかりにくい書き方

● サービス種別に略語が使用されています（例：サ高住・訪看・通リハなど）。

 書き方のポイント

正式名称で記載します。

 わかりにくい書き方の文例

- ・サ高住
- ・訪看
- ・通リハ
- ・家族（続柄が不明）

 わかりやすい書き方の文例

- ・サービス付き高齢者向け住宅
- ・介護予防通所リハビリテーション
- ・介護予防訪問看護
- ・次女
- ・オレンジの会（見守り会）

⑭ 事業所（利用先）

厚労省通知

　当該サービス提供を行う「事業所名（利用先）」を記載する。また、地域、介護保険以外の公的サービスが担う部分についても明記する。

 わかりやすい書き方とその考え方

●事業所（利用先）の正式名称を記載します。**公的サービスが担う部分（事業所や利用先）や介護保険以外の地域サービス**も記載します。

 わかりにくい書き方

●正式名称でなく略称・通称等で記載している、サービス提供先が不明確であることがあります（例：「○○市生活保護課」を「○○市」とだけ記載）。

 書き方のポイント

①正式名称で記載します。
②公的サービスの場合は、市町村名および担当課名等も記載します。

 わかりにくい書き方の文例

・○○訪看　（正式名称：○○訪問看護ステーション）
・○○HP　（病院を HP と記載）
・○○市　（担当課が未記載）
・○○リハサービス（正式名称：○○訪問リハビリテーションサービス）

 わかりやすい書き方の文例

・○○訪問リハビリテーション　　・□□市　健康管理課
・△△病院　神経内科　　　　　　・☆☆の里（住宅型有料老人ホーム）

⑮ 期間

「期間」は、「支援内容」*に掲げた支援をどの程度の「期間」にわたり実施するかを記載する（「○か月」「○月○日〜○月○日」など記載する）。なお、「期間」の設定においては要支援者の場合は「認定の有効期間」も考慮するものとする。また、「支援内容」に掲げたサービスをどの程度の「頻度（一定期間内での回数、実施曜日等）」で実施するか提案があれば記載する。

*「支援内容」は、「本人等のセルフケアや家族の支援、インフォーマルサービス」「介護保険サービスまたは地域支援事業」の欄であげたサービスと考えられる。

 わかりやすい書き方

● 支援を実施する期間を記載します。期間は、「**年月日〜年月日**」で示します。また、実施する頻度や回数・曜日を（決定している事項のみ）記載します。特に「支援内容」ごとの頻度も併せて記載します（支援内容の欄に記載している場合は、本欄に記載しなくてもよいです）。「週1回（火）13：00〜15：00」「月2回（第1木・第3木）午前9時」など時間帯を加えて具体的に記載するのもよいでしょう。

● 期間は「認定の有効期間」を超えないようにします。なお、期間の開始日は、説明・同意・交付日以降に設定します。

 わかりにくい書き方

● 期間設定がわかりにくいことがあります（例：1年、6か月）。

✎ **書き方のポイント**

①支援を実施する期間を記載します。その際、認定の有効期間を考慮します（有効期間をまたがないようにします）。

②期間は、年月日〜年月日で記載します。

わかりにくい書き方の文例

- 6 か月・1 年（開始日・終了日がわからない）
- 1 月 1 日〜 3 月 31 日（実施年が未記載）
- 1 月 1 日〜 12 月 31 日　（要支援認定有効期間　11 月 30 日まで）

 ## わかりやすい書き方の文例

- 令和 6 年 6 月 1 日〜令和 7 年 5 月 31 日
- 令和 6 年 6 月 1 日〜令和 6 年 12 月 31 日

（要支援認定有効期間　令和 4 年 1 月 1 日〜令和 6 年 12 月 31 日）

ケアプラン点検者 はココを見る！

□支援実施期間と同意日との整合性がとれているかどうか（支援実施開始日以前に同意を得ているか）。

居宅ケアプラン とココが違う！

・居宅ケアプランでは、第 3 表「週間サービス計画表」で、サービスをいつ提供するのかが、一目でわかります。しかし、介護予防ケアプランでは、「いつ」サービスを提供するのかを明確に示す項目がありません。本欄を有効活用し、どのくらいの頻度で、どの時間帯に行われるのかを明確にしましょう。

⑯ 健康状態について

厚労省通知

「主治医意見書」（要支援者のみ）、「健診結果」「観察結果」等より健康状態について、介護予防サービス計画等を立てる上で留意すべき情報について記載する。

わかりやすい書き方とその考え方

● 主治医意見書等の結果を踏まえて留意すべき情報を記載します（書面で得られない情報があることもあるため、必要性を判断し、医師等から直接に聞き取るなども必要です）。主治医意見書等の記載をそのまま転記するのではなく、**禁忌事項・服薬内容・状態の急変の可能性や再発に関する事項等、留意すべき情報**を記載します。

● 主治医意見書の記載年月日は転記し、どの時点の情報であるかを明確にします（主治医意見書に記載年月日がない場合は、主治医に確認します）。

● 「健診結果」「観察結果」等から抜粋する場合、どの機関で、誰が検査（観察）し、いつ記載したものなのか、その出所を明らかにします。健康状態は、医療的な支援につながる重要な情報であるため、信憑性を担保できるようにします。

● 利用者・家族の疾患についての認識（自覚）や心情に配慮して、記載の有無や表現方法を判断します。

わかりにくい書き方

● 主治医意見書等の内容を、丸写ししただけになっていることがあります。また、主治医意見書等の記載日が、ケアプラン作成日から時間が経っているにもかかわらず、そのまま転記していることもあります。

● 事前に、利用者や家族の疾患への認識（自覚）を確認することなく、疾患名を記載していることもあります（例：認知症・双極性障害・○○がんなど）。

書き方のポイント

①主治医意見書等の内容を確認し、留意点を記載します。

②禁忌事項・服薬内容・状態の急変の可能性や再発に関する留意事項等を記載します。

 わかりにくい書き方の文例

・主治医意見書等の丸写し
・アルツハイマー型認知症による暴言・暴力・徘徊あり（利用者等の心情への配慮が不十分）

 わかりやすい書き方の文例

・胸に痛み（強い動悸）がある場合、安静にし、かつ、速やかに服薬すること（令和 6 年 5 月 30 日　○○クリニック鈴木医師）
・右手の痺れと震えが強いときは、家事をする際に注意すること（令和 6 年 4 月 8 日　○○病院山本医師）
・●●の食材は禁止（令和 6 年 6 月 10 日　○○薬局田中薬剤師）

⑰ 必要な事業プログラム

厚労省通知

　基本チェックリストの該当項目数から、プログラム毎のチェックリストの項目数を分母、該当した項目数を分子として枠内に記入する。また、専門職による短期集中予防サービス*を利用する場合は、その判断基準から参加することが望まれると考えられるプログラムの枠内の数字に○印を付す。

* 「短期集中予防サービス」は、保健師やリハビリテーション専門職等が3か月〜6か月の短期間で実施するもので、訪問型サービスC、通所型サービスCに該当します。

 ## わかりやすい書き方とその考え方

● 基本チェックリストの、プログラムごとにチェックの入った項目数を記載します。以下の基準に応じて、枠内の数字に○印を付します。

プログラム名	基本チェックリストの番号	基準
運動不足	No.6 〜 No.10	5項目のうち3項目以上に該当
栄養改善	No.11 〜 No.12	2項目のうち、すべてに該当
口腔内ケア	No.13 〜 No.15	3項目のうち、2項目以上に該当
閉じこもり予防	No.16	No.16に該当
もの忘れ予防	No.18 〜 No.20	3項目のうちいずれか1項目以上に該当
うつ予防	No.21 〜 No.25	5項目のうち2項目以上に該当

　なお、市町村窓口等に相談に来た利用者が、明らかに要介護（要支援）認定が必要な場合もしくは予防給付や介護給付によるサービスを希望している場合、基本チェックリストを利用せず、要介護認定申請になる場合もあります。逆に、明らかに介護予防・生活支援サービス事業の対象外と判断できる場合、基本チェックリストを利用せず、すべての高齢者が活用できる一般介護予防事業につなげる場合もあります。

ケアプラン点検者
はココを見る！

□該当する項目の内容が介護予防ケアプランに反映されているか。

⑱ **【本来行うべき支援が実施できない場合】
妥当な支援の実施に向けた方針**

厚労省通知

　本来の支援が実施できない場合で、利用者や家族の合意がとれない場合は、<u>本来の支援をできるように働きかける具体的な手順や方針を書く</u>等、その内容の実現に向けた方向性を記載する。また、本来必要な社会資源が地域にない場合にも、地域における新たな活動の創設などの必要性を記載する。

 わかりやすい書き方とその考え方

●本来の支援とは、「課題に対する目標と具体策の提案」欄の「具体策」にあたります。

●本来の支援が実施できない場合で、利用者や家族の同意がとれない場合は、本来の支援をできるようにはたらきかける具体的な手順や方針を記載します。ただし、本来の支援（専門職視点による提案）に対して、利用者や家族との相談の末に変更された内容が、利用者の課題解決にあたり、妥当と判断できる場合には、本欄への記載は不要です 提案 。

●本来行うべき支援が実施できない場合の理由は記載せず、ケアマネジャー等としての**今後の方向性や方針**、また、**それをどの程度の期間で実施していくか（モニタリングや評価のタイミング）**を記載します 提案 。なお、本来行うべき支援が実施できない理由は、「具体策についての意向　本人・家族」欄に記載します。

●必要な社会資源が地域にない場合等にも、地域における新たな活動の創設などの必要性を記載します。しかし、利用者の課題解決のために必要な内容であるか、不足していることで利用者が本来の支援を受けることができないとネガティブに感じることはないかといったことを踏まえて、記載の有無を検討します 提案 。

 わかりにくい書き方

●「本来の支援内容」が記載されていたり、「本来の支援ができない理由」が記載されていたりします。

●専門職として考える今後の方向性が抽象的に（例：当面様子を見て）記載されていることも多いです。

書き方のポイント

①ケアマネジャー等が本来の支援を実施できるようにするための今後の方向性（はたらきかける手順や方針）を記載します。

②今後の方向性として、その時期や期間を記載します 提案 。

 わかりにくい書き方の文例

【今後の方向性等以外の内容になっている】
・通所にてリハビリテーションに通う（本来の支援内容が記載されている）
・暑いので外に出るとつらい（本来の支援に合意できない理由が記載されている）

【今後の方向性が抽象的になっている】
・様子を見ながら提案する
・足の痛み具合によって提案する

 わかりやすい書き方の文例

・寒さが和らぐことで、足の痛みがおさまるとのことのため、4月に改めて、状況を確認し、今後の方向性を相談します
・令和6年8月時点の家族（妻）の身体状況に応じて、今後の相談をします
・食事量と体重の推移を令和6年10月まで、月1回の頻度で確認します
・●●の数値を令和7年2月まで、2か月に1回確認し、結果に応じて栄養サポートを検討します

ケアプラン点検者
はココを見る！

□本来の支援ができない場合のはたらきかける具体的な手順や方針が専門職として適切であるかどうか。
□本来の支援ができない状況の確認および経過観察が妥当に行われているか。

⑲ 地域包括支援センターの意見

厚労省通知

　予防給付の場合で、指定居宅介護支援事業者が指定介護予防支援事業者である地域包括支援センターからの委託を受けて行う場合に本欄を使用する。この場合、その介護予防支援及び介護予防ケアマネジメントの最終的な責任主体である当該地域包括支援センターは、介護予防サービス計画等が適切に作成されているかを確認する必要がある。

　このようなことから、委託された居宅介護支援事業者は、介護予防サービス計画原案等を作成し、介護予防サービス計画書について当該地域包括支援センターの確認を受ける必要があり、その際に、本欄に確認をした当該地域包括支援センターの担当者がその氏名を記載する（当該地域包括支援センターの担当者がサービス担当者会議に参加する場合には、サービス担当者会議の終了時に介護予防サービス計画原案等の確認を行っても差し支えない）。

　この確認を受けた後に、利用者に最終的な介護予防サービス計画原案の説明を行い、同意を得ることとなる。（ただし、総合事業における介護予防ケアマネジメントの場合は、そのプロセスによっては、ケアプラン原案としての作成や、サービス担当者会議を省略することもある。）

 わかりやすい書き方とその考え方

- 指定居宅介護支援事業者が保険者から指定介護予防支援事業者の指定を受けている場合には本欄は使用しません（未記載）。
- 指定居宅介護支援事業者が地域包括支援センターから委託を受けている場合、介護予防ケアプラン原案に対して地域包括支援センターの「確認」を得て、確認をした地域包括支援センターの担当者に氏名を記載してもらいます。
- 確認のタイミングは、サービス担当者会議の後に行っても問題なく、その後、利用者・家族に説明・同意を得て、交付します。

 書き方のポイント

①指定居宅介護支援事業者が保険者から指定介護予防支援事業者の指定を受けている場合は、本欄は使用しません。

②地域包括支援センターの委託を受けている場合、介護予防ケアプラン原案について確認を求め、確認をした地域包括支援センターの担当者に「担当者氏名」を記載してもらいます。

③委託を受けている地域包括支援センターに、必要性があれば意見を記入してもらいます。無理に意見を記入してもらう必要はありません。

⑳ 総合的な方針
（生活不活発病の改善・予防のポイント）

厚労省通知

　記載された「目標とする生活」や「目標」について、利用者や家族、計画作成者、各サービス担当者が生活不活発病の改善・予防に向けて取り組む<u>共通の方向性</u>や<u>特別に留意すべき点</u>、<u>チーム全体で留意する点</u>などを記載する。

わかりやすい書き方とその考え方

●**利用者・家族・計画作成者（ケアマネジャー等）・各サービスを提供する担当者等、**利用者にかかわるすべての人が、取り組むことを本欄に記載します（サービスを提供する事業所だけの方向性や方針ではありません）。利用者や家族に相談しながら、検討していくこともよいでしょう。

●前提として、「**生活不活発病の改善・予防**」に向けて取り組むことを書くということがあります。

わかりにくい書き方

●共通の方向性ではなく、各サービスの方針が羅列されていることがあります。

●共通の方向性に具体性がなく、誰にでも当てはまるような内容になっています（例：チームで情報共有および連携してサポートにあたる）。

書き方のポイント

①共通の方向性（チーム方針）は、利用者などを含むチームメンバー全員が共有し、取り組むべき事項を記載します。

②特別に留意すべき点は、疾患や生活リスクなど懸念事項（例：疾患に対する医師の所見・留意事項）がある場合に記載します。

わかりにくい書き方の文例

・チーム全体で協力して取り組みます　　・相談・連携しながら、進めます

 わかりやすい書き方の文例

・毎朝の服薬の有無で 1 日の生活リズムが変化（悪化）する可能性があるため、服薬の確認を徹底します
・関節リウマチによる身体の痛みが強いと、生活状況が悪化するため、痛みの確認・痛みに応じた支援を行います
・「長女の自宅に泊まりに行く」という目標のため、毎日の運動（朝晩の散歩）、自主トレーニングを必ず実施できるようサポートします

ケアプラン点検者
はココを見る！

□チームが共通して取り組む方針になっているかどうか。

居宅ケアプラン
とココが違う！

・居宅ケアプランでは、第 1 表「総合的な援助の方針」に似ていますが、介護予防ケアプランでは「生活不活発病の改善・予防に向けて取り組むこと」という前提があります。

＋α　総合的な方針の考え方

　総合的な方針は、**生活不活発病の改善・予防**に向けて取り組むという前提があります。それは、介護予防のポイントは、生活が活発であり、**心身ともに健康で文化的な生活が継続される**ことが重視されているからです。

　しかし、本欄を活用するときは、「生活不活発病の改善・予防」につながっているか、ということを強く意識する必要はありません。利用者の課題を解決するにあたり、身体機能や生活機能を改善・予防すること以外に支援のポイントがある場合もあります。個別性の高い利用者個々の目標達成を支えるために、チーム全体の留意点や共通の方向性を記載することが重要です。

㉑ 計画に関する同意

厚労省通知

　介護予防サービス計画原案等の内容を当該利用者・家族に説明を行った上で、利用者本人の同意が得られた場合、利用者に氏名を記入してもらう。この場合、利用者名を記入した原本は、事業所において保管する。

 わかりやすい書き方

● 基本的に、利用者本人に氏名を記入してもらいます。何らかの理由で代筆が必要な場合は、「代筆」「代筆者氏名」「続柄」を記載します。押印の有無は問いません。

● 同意の前後に、「説明」「交付」を忘れずに実施します。同意が得られた介護予防ケアプランの原本は事業所に保管します。原本のコピーをとり、利用者、家族、また、サービス事業所へ交付します。同意年月日についても、利用者の直筆で記載してもらいます。

 書き方のポイント

① 氏名・同意年月日は、最初から印字することなく、利用者の直筆で記載します（押印の有無は問いません）。

② 何らかの理由により代筆が必要な場合には、「代筆」「代筆者氏名」「続柄」を記載します。

＼ **ケアプラン点検者** ／
はココを見る！

□ 支援期間の開始前に利用者から介護予防ケアプランへの同意が得られているか。

＋α　サービス提供拒否の禁止

　介護予防支援の利用申込みに対して、正当な理由なくサービスの提供を拒否することは禁止されています。ここでいう正当な理由とは、次のとおりです。

---

①利用申込者の居住地が当該事業所の通常の事業の実施地域外である場合
②利用申込者が他の指定介護予防支援事業者にも併せて指定介護予防支援の依頼を行っていることが明らかな場合
③当該事業所（指定居宅介護支援事業者である指定介護予防支援事業者の当該指定に係る事業所に限る）の現員からは利用申込に応じきれない場合　等

　正当な理由でサービス提供を断る場合には、その具体的な理由と必要な便宜を図った内容等を受付簿等に記載しておくとよいでしょう。

　なお、③に関して、2024（令和 6）年 4 月より居宅介護支援の運営基準上の取扱件数が 35 件から 44 件に変更になりました。また、指定介護予防支援の提供を受ける利用者数の取扱件数が、2 分の 1 換算から 3 分の 1 換算に変更されました。これらも踏まえて、正当な理由に該当するかどうかを判断します。

● 利用者基本情報

作成担当者：

《基本情報》

相談日	年　月　日（　）	来　所・電　話 その他（　　　　　　　　　）	初　回 再来（前　　　／　　　　）
本人の現況	在宅・入院又は入所中（　　　　　　　　　　　　　　　　　　　　　　　　）		

フリガナ 本人氏名		性別	M・T・S　　年　　月　　日生 （　　　）歳	
住　　所	① p.90	Tel Fax	（　　） （　　）	
日常生活 自立度	障害高齢者の日常生活自立度	自立・J1・J2・A1・A2・B1・B2・C1・C2		
	認知症高齢者の日常生活自立度	自立・Ⅰ・Ⅱa・Ⅱb・Ⅲa・Ⅲb・Ⅳ・M		
認定・ 総合事業 情報	非該当・要支1・要支2・要介1・要介2・要介3・要介4・要介5 有効期限：　年　月　日～　年　月　日　（前回の介護度　　　　　） 基本チェックリスト記入結果:事業対象者の該当あり・事業対象者の該当なし 基本チェックリスト記入日：　年　月　日			
障害等認定	身障（　　　　　）、療育（　　　　　　）、精神（　　　　　　）、難病（　　　　　）			
本人の 住居環境	自宅・借家・一戸建て・集合住宅・自室の有無（　　　　　）階、住宅改修の有無			
経済状況	国民年金・厚生年金・障害年金・生活保護・（　　　　　）			

② p.93

家族構成 ◎回＝本人、○＝女性、□＝男性
●■＝死亡、☆＝キーパーソン
主介護者に「主」
副介護者に「副」
（同居家族は○で囲む）

来所者 （相談者）			
住　　所 連　絡　先		続柄	

	氏名	続柄	住所・連絡先
緊急連絡先			

③ p.93

家族構成

④ p.95

家族関係等の状況

88

《介護予防に関する事項》

今までの生活	⑤ p.96

現在の生活状況（どのような暮らしを送っているか） ⑥ p.97	1日の生活・すごし方			趣味・楽しみ・特技
	時間	本人	介護者・家族	友人・地域との関係

《現病歴・既往歴と経過》（新しいものから書く・現在の状況に関連するものは必ず書く）

年月日	病名	医療機関・医師名 （主治医・意見作成者に☆）	経過	治療中の場合は内容
年　　月　　日	⑦ p.98	Tel	治療中 経過観察中 その他	
年　　月　　日		Tel	治療中 経過観察中 その他	
年　　月　　日		Tel	治療中 経過観察中 その他	
年　　月　　日		Tel	治療中 経過観察中 その他	

《現在利用しているサービス》　⑧ p.99

公的サービス	非公的サービス

　地域包括支援センターが行う事業の実施に当たり、利用者の状況を把握する必要があるときは、基本チェックリスト記入内容、要介護認定・要支援認定に係る調査内容、介護認定審査会による判定結果・意見、及び主治医意見書と同様に、利用者基本情報、アセスメントシートを、居宅介護支援事業者、居宅サービス事業者、総合事業におけるサービス事業等実施者、介護保険施設、主治医その他本事業の実施に必要な範囲で関係する者に提示することに同意します。

　　　　　　　　　　　　　　年　　　月　　　日　　氏名

II 利用者基本情報の書き方

 ① 日常生活自立度

厚労省通知

　利用者の「障害高齢者の日常生活自立度判定基準」、「認知症高齢者の日常生活自立度判定基準」に基づくそれぞれのランクについて、要支援認定で用いられた主治医意見書の3⑴の「日常生活の自立度等について」を参考に、現在の状態に該当するものに○印を付す。

 わかりやすい書き方とその考え方

●主治医意見書に記載されているとおりに【転記】するのではなく、**主治医意見書を【参考】として現状に対する判断をケアマネジャー等が行い、記載**します。仮に主治医の見解と現状との相違が確認された場合には、その理由についても検討してみることが大切です。

●**参考　障害高齢者の日常生活自立度（寝たきり度）**

■ 判定の基準
調査対象者について、調査時の様子から下記の判定基準を参考に該当するものに○印をつけること。
なお、全く障害等を有しない者については、自立に○印をつけること。

生活自立	ランク J	何らかの障害等を有するが、日常生活はほぼ自立しており独力で外出する。 1. 交通機関等を利用して外出する 2. 隣近所へなら外出する
準寝たきり	ランク A	屋内での生活は概ね自立しているが、介助なしには外出しない 1. 介助により外出し、日中はほとんどベッドから離れて生活する 2. 外出の頻度が少なく、日中も寝たり起きたりの生活をしている
寝たきり	ランク B	屋内での生活は何らかの介助を要し、日中もベッド上での生活が主体であるが、座位を保つ。 1. 車いすに移乗し、食事、排泄はベッドから離れて行う 2. 介助により車いすに移乗する
	ランク C	日中ベッド上で過ごし、排泄、食事、着替において介助を要する。 1. 自力で寝返りをうつ 2. 自力では寝返りもうてない

●**参考　認知症高齢者の日常生活自立度**

■ 判定の基準

調査対象者について、訪問調査時の様子から下記の判定基準を参考に該当するものに○印をつけること。
なお、全く認知症を有しない者については、自立に○印をつけること。

ランク	判定基準	見られる症状・行動の例
Ⅰ	何らかの認知症を有するが、日常生活は家庭内及び社会的にほぼ自立している。	
Ⅱ	日常生活に支障を来たすような症状・行動や意思疎通の困難さが多少見られても、誰かが注意していれば自立できる。	
Ⅱa	家庭外で上記Ⅱの状態が見られる。	たびたび道に迷うとか、買物や事務、金銭管理などそれまでできたことにミスが目立つ等。
Ⅱb	家庭内でも上記Ⅱの状態が見られる。	服薬管理ができない、電話の応対や訪問者との対応など一人で留守番ができない等。
Ⅲ	日常生活に支障を来たすような症状・行動や意思疎通の困難さが見られ、介護を必要とする。	
Ⅲa	日中を中心として上記Ⅲの状態が見られる。	着替え、食事、排便、排尿が上手にできない、時間がかかる。やたらに物を口に入れる、物を拾い集める、徘徊、失禁、大声・奇声をあげる、火の不始末、不潔行為、性的異常行為等。
Ⅲb	夜間を中心として上記Ⅲの状態が見られる。	ランクⅢaに同じ。
Ⅳ	日常生活に支障を来たすような症状・行動や意思疎通の困難さが頻繁に見られ、常に介護を必要とする。	ランクⅢに同じ。
M	著しい精神症状や問題行動あるいは重篤な身体疾患が見られ、専門医療を必要とする。	せん妄、妄想、興奮、自傷・他害等の精神症状や精神症状に起因する問題行動が継続する状態等。

● 参考　主治医意見書（一部抜粋）

3. 心身の状態に関する意見

（1）日常生活の自立度等について

・障害高齢者の日常生活自立度（寝たきり度）　□自立　□J1　□J2　□A1　□A2　□B1　□B2　□C1　□C2

・認知症高齢者の日常生活自立度　□自立　□Ⅰ　□Ⅱa　□Ⅱb　□Ⅲa　□Ⅲb　□Ⅳ　□M

（2）認知症の中核症状（認知症以外の疾患で同様の症状を認める場合を含む）

・短期記憶　　　　　　　　□問題なし　　□問題あり

・日常の意思決定を行う　　□自立　　　　□いくらか困難　□見守りが必要　　□判断できない
ための認知能力

・自分の意思の伝達能力　　□伝えられる　□いくらか困難　□具体的要求に限られる　□伝えられない

（3）認知症の行動・心理症状（BPSD）（該当する項目全てチェック：認知症以外の疾患で同様の症状を認める場合を含む）

□無　　□有　➡　□幻視・幻聴　□妄想　　　□昼夜逆転　□暴言　□暴行　□介護への抵抗　□徘徊
　　　　　　　　　□火の不始末　□不潔行為　□異食行動　□性的問題行動　□その他（　　　　　　　）

（4）その他の精神・神経症状

□無　　□有　症状名：　　　　　　　　　　〔専門医受診の有無　□有（　　　　）□無〕

（5）身体の状態

利き腕（□右　□左）身長＝　　　　　cm　　　体重＝　　　　　kg

　　　　　　　　　　（過去6ヶ月の体重の変化　□増加　□維持　□減少）

□四肢欠損　　　　　　（部位：＿＿＿＿＿＿＿＿＿＿＿）

□麻痺　　　　　　　　□右上肢（程度：□軽　□中　□重）　　□左上肢（程度：□軽　□中　□重）

　　　　　　　　　　　□右下肢（程度：□軽　□中　□重）　　□左下肢（程度：□軽　□中　□重）

　　　　　　　　　　　□その他（部位：　　　　　程度：□軽　□中　□重）

□筋力の低下　　　　　（部位：＿＿＿＿＿＿＿＿＿＿＿＿　程度：□軽　□中　□重）

□関節の拘縮　　　　　（部位：＿＿＿＿＿＿＿＿＿＿＿＿　程度：□軽　□中　□重）

□関節の痛み　　　　　（部位：＿＿＿＿＿＿＿＿＿＿＿＿　程度：□軽　□中　□重）

□失調・不随意運動　　・上肢　□右　□左　　　・下肢　□右　□左　　　・体幹　□右　□左

□褥瘡　　　　　　　　（部位：＿＿＿＿＿＿＿＿＿＿＿＿　程度：□軽　□中　□重）

□その他の皮膚疾患　　（部位：＿＿＿＿＿＿＿＿＿＿＿＿　程度：□軽　□中　□重）

② 認定・総合事業情報

厚労省通知

　利用者の要介護認定等の区分について、「非該当」、「要支援 1」から「要介護 5」のいずれかを○で囲む。また、有効期限と前回の介護度を記載する。基本チェックリストの記入結果について、「事業対象者の該当あり」又は「事業対象者の該当なし」のいずれかを○で囲み、記入日を記載する。

わかりやすい書き方とその考え方

●認定情報については、介護保険被保険者証等を確認して、正確に記載します。同時に**前回の介護度からの変化**にも着目し、変化がある場合（改善・悪化を問わず）、どのような状況の変化があったのか、また、その理由についても分析することがアセスメントの観点において重要です。

●参考　要支援者と事業対象者

要支援者	・65 歳以上で、要支援状態にある人（要支援認定を受けた人）。 ・40 歳以上 65 歳未満の者であって、要支援状態にあり、その要支援状態の原因である身体上又は精神上の障害が特定疾病によって生じた人。
事業対象者	65 歳以上で、基本チェックリストを実施した結果、リスク判定基準に該当した人。

③ 緊急連絡先

厚労省通知

　緊急時に確実に連絡がとれる電話番号を記載する。連絡先は複数確認することが望ましい。当該利用者の急変等、緊急に連絡をとる必要がある場合に利用者自宅以外の連絡先を記載する。また、家族が働いている場合は、携帯電話や自宅の他に家族の職場等確実に連絡がとれる電話番号を記載する。

わかりやすい書き方とその考え方

●緊急連絡先については、利用者が連絡をとってほしい順番等にも配慮します。家族を記載する場合には、続柄を必ず記載します。また、必要に応じて連絡相手の年齢や勤務先（学校）も追記します。何らかの理由で「連絡先がない」と申し出がある場合に

は、状況に応じて、「真に連絡先がない」のか、「連絡先はあるが連絡してほしくない」のか等を確認します。

●電話だけでなく**メール等の機能**も連絡をとる手段として有効です。メールアドレスなど本人の許可を得たうえで記載します。

 わかりにくい書き方

●万が一、正しくない情報（電話番号・住所等）を記載していると、根本的な問題であり、緊急時の対応に大きな支障を及ぼします。折にふれて、この情報に変更がないかをケアマネジャー等から、利用者・緊急連絡先の本人に確認することが大切です。

 書き方のポイント

①利用者にとって優先順位の高い順に記載します。
②家族の場合には、【続柄】を記載します。
③勤務先の場合には、必要に応じて【部署】や【課】などを記載します。
④必要に応じて、連絡がつながりやすい時間帯や曜日等を記載します。
⑤メール等の場合には、アドレスを記載します。

 わかりやすい書き方の文例

・山田花子（長女）　　サクラ1丁目○番地　001-3456-7890
・山田二郎（次男）　　□□商事（人事課　内線123　002-6789-1234）
・朝日正義（後見人）　○○後見センター　もみじ2-4-5　090-6543-0000
・馬場一郎（長男）　　090-1111-2222　　ichirou@mizuiro.jp
・（連絡先なし）本人の強い希望により連絡先なし。○○市に長女がいるとのこと

④ 家族構成

厚労省通知

　当該利用者の家族について記載する。介護力を考慮するために、家族の年齢や居住地域も可能な範囲で記載する。現在利用者と同居している家族は○で囲む。当該利用者に関係する家族関係等の状況を欄内の凡例を用い、利用者を中心として家族関係がわかるように図解して記載する。なお、家族関係で特記すべき事項があれば記載する。

わかりやすい書き方とその考え方

●利用者の生活への関連性の強い家族構成を中心に記載します。家族の続柄や年齢、居住地域を可能な範囲で記載し、家族状況がわかるよう図解（ジェノグラム）で記載します。家族の状況については、家族と本人との関係性やかかわり方、頻度、また、**家族についての特筆すべき内容**（例：19 歳の長男息子が大学に行きながら介護を一人で担っている。長女は○○により生活サポートを受けている等）を具体的に記載します。

書き方のポイント

①利用者の暮らしへの関連（影響）を踏まえて記載します（必ずしも家族（法定相続人等）とは限らない）。

②本人と家族の関係性について記載します。

③家族の状況（病気、性格や年齢等）について記載します。

④家族とのかかわりについて記載します（「現在利用しているサービス」欄でも可）。

わかりやすい書き方の文例

【家族関係の状況】
・長男息子（19 歳）が大学に通いながら主たる介護者を担う
・同居の三女（58 歳）が双極性障害にて加療中（無職）
・○○市在住の長女（61 歳）と毎日テレビ電話をする
・長女と次女で、今後の本人の暮らしの意見が対立している

⑤ 今までの生活

厚労省通知

　当該利用者の現在までの生活について、主要な出来事を時間の経過順に記載する。職業や転居、家族史、家族との関係、居住環境などについて記載する。

わかりやすい書き方とその考え方

●生活の主要な出来事について時間の経過順に記載します。主要な出来事とは職業や居住地の変遷、家族史、社会活動などですが、利用者の生活を語るうえで、また、今後の生活形成において特に重要と思われる事項を記載します（病気・後遺症・離別・死別など）。併せて、利用者本人が考える主要な出来事（例：世話の困難によるペットとの離別）は記載しておくよう心がけます。

✎ 書き方のポイント

①時系列で記載します（内容別でなくてよい）。
②生活の転機やポイントと思われる内容を主に記載します。
③利用者本人が考える主要な出来事を記載します。
④具体的な内容の記載が必要な場合、別紙を使うなど工夫します。

わかりやすい書き方の文例

・昭和60年	飲食業に40年従事し、定年退職する
・平成3年	妻が寝たきりとなり、介護を担う（平成6年まで）
・平成6年	妻と死別。一人暮らしとなり、ペットの犬を飼い始める
・平成9年	脳梗塞にて入院。後遺症として、軽度の左片麻痺と言語障害が出る
・平成16年	ペットの世話が困難となり、ペットを親戚に預ける
・令和2年	現住所（住宅型有料老人ホーム）へ転居

現在の生活状況（どのような暮らしを送っているか）

厚労省通知

　「一日の生活・すごし方」は、起床から就寝までの一日の流れや食事・入浴・買い物・仕事や日課にしていることなど、一日の過ごし方を記載する。上段には、生活全般に関する様子を記入し、食事や入浴、家事など毎日の決まった生活行為については、下段にタイムスケジュールを記入する。

　のちにアセスメント領域の「日常生活（家庭生活）について」で、この領域をアセスメントすることを念頭に必要な情報を記載する。「趣味・楽しみ・特技」は、以前取り組んでいた趣味や楽しみ、特技も聞き取り記載する。「友人・地域との関係」は、友人や地域との交流頻度や方法、内容を記載する。

※アセスメント領域の「日常生活（家庭生活）について」では、家事（買い物・調理・掃除・洗濯・ゴミ捨て等）や住居経済の管理、花木やペットの世話などを行っているかについて確認します。

 わかりやすい書き方とその考え方

● 起床から就寝までの「基本的」な1日の過ごし方を記載します。上段の生活全般に関する様子については、3か月〜6か月以内程度の生活や活動に対する意欲や実際の活動状況を記載します。また、家族等との会話の頻度なども記載します。下段のタイムスケジュールは、起床・食事等だけでなく、本人の習慣や家族との約束事などを記載します。「趣味・楽しみ・特技」や「友人・地域との関係」は、内容やその実施方法を記載しますが、利用者本人が**現状をどのように感じているか、実際はどうしたいか**等も理解しておくことが重要です。

● 「介護者・家族」については、主たる介護者の状況や関係する家族のかかわり、特記すべき事項も記載します。

 書き方のポイント

① 上段の1日の過ごし方は、3か月〜6か月以内程度の生活や活動に対する意欲や実際の活動状況等を記載します。

② 下段の1日のスケジュールは、起床や食事等だけでなく、本人の習慣や家族との約束事（例：部屋を掃除する）も記載します。

③ 「趣味・楽しみ・特技」や「友人・地域との関係」は、内容やその実施方法を記載すると同時に、それらの現状に対する本人の気持ち等も必要に応じて記載します。

わかりやすい書き方の文例

【生活全般に関する様子】

・令和6年5月頃から、持病の腰痛により自宅内で生活している。結果、消極的な発言が増えている

・令和7年に予定されている孫の結婚式に必ず参列したいと意欲的に歩いている

・人工透析になるかもしれないと医師に言われ、食事の努力をしているが不安を口にすることが多い

【1日のスケジュール】

・6:00　ラジオ体操　11:00　朝昼兼用の食事

・7:00頃・15:00頃　玄関前で小学生の通学・下校の見守り　16:00　洗濯物たたみ

【趣味・楽しみ・特技 / 友人・地域との関係など】

・特技:習字。習字の先生を30年続けてきた。教える機会があればうれしい

・幼馴染みの○○さんと毎週火曜のランチ

---

⑦ 現病歴・既往歴と経過

厚労省通知

　主治医意見書からの情報や利用者・家族からの聴取をもとに、利用者の主な既往症と治療服薬の状況について時間の経過順に記載する。記入した病気のために服薬等の治療を受けている場合は、「治療中」に○印を付し、治療は受けていないが受診だけはしているという場合は、経過観察中に○印を付す。その他の状況の場合には「その他」に○印を付す。また、要支援者の場合、主治医意見書を記載した医療機関または医師については★印を付す。

わかりやすい書き方とその考え方

●現在の状況に関連している疾患等については必ず記載します。基本的には診断年月日が新しいものから順に記載します。診断年月日が不明瞭の場合にも、「時期不明」とせず、「○○年頃」とわかる範囲でおおよその時期を記載します。また、**主治医意見書の作成者と主治医が同一でない場合もある**ため、十分に確認します（例:入院中に病院の医師が主治医意見書を記載し、その後退院し、在宅医が現在の主治医の場合）。

●治療内容は、わかる範囲で具体的に記載しますが、不明確な場合は、利用者の同意を得て医師等に確認することもあります。また、現病歴・既往歴は、後遺症や痛み・痺れの症状など受診しているものについて把握し、記録します。

●なお、本欄で足りない場合には、別紙を活用し、必要事項を漏らさず記載することが

重要です。

書き方のポイント

①基本的には診断を受けた年月日を記載します。不明の場合にはおおよその時期を記載します（例：昭和 60 年頃）。

②病名は略語等を使用せず、正確に記載します（例：アルツハイマー型認知症・レビー小体型認知症）。

③必要に応じて、受診頻度や受診機関の連絡先・受診方法等を追記します。

④本欄で足りない場合には、別紙に必要な医療情報を漏らさず記載します。

わかりやすい書き方の文例

・令和 6 年 6 月　アルツハイマー型認知症　○○大学病院　△△医師　月 1 回外来　投薬治療中

・令和 2 年 2 月　完全房室ブロック（ペースメーカー埋め込み）○○総合病院　▽▽医師　6 か月に 1 回外来　検査受診

・昭和 50 年頃　うつ病　□□メンタルクリニック　☆☆医師　月 1 回外来　投薬加療中

---

⑧　現在利用しているサービス

厚労省通知

　当該利用者が現在利用している支援について、サービスの種別と利用頻度について記載する。ここでいうサービスは、行政が行う一般施策のような公的なサービスと、ボランティアや友人などによって行われている非公的なサービスを分けて記載する。

わかりやすい書き方とその考え方

●公的サービスについては、介護保険サービス（通所介護・訪問介護等）だけでなく、ほかの法制度にもとづく支援やサービス（成年後見制度、生活保護制度、障害者手帳等）の活用状況を把握して記載します。医療機関については、現病歴・既往歴欄に記

載することでも構いませんが、本欄に記載することも可能です。非公的サービス（インフォーマルサポート）については、ボランティアや民間事業者によるサービスの活用状況、家族のサポート状況を記載します。記載の際には、**サービス名、頻度、曜日、時間、事業所名、担当者、連絡先など、可能な限り具体的に表記**します。

●本欄は、単に活用しているサービスを把握するというだけでなく、ともに利用者を支えるチームメンバーを知るという認識に立って、連絡先や担当者等も必要に応じて記載します。

 書き方のポイント

①基本は、サービス名、頻度、曜日、時間、事業所名、担当者、連絡先について具体的に記載します。

②日・週・年単位でとらえて記載します。

③非公的サービスは、家族の場合は続柄で記載します。

④非公的サービスは、営利・非営利を問わずに記載し、サポート内容・頻度・時間を記載します。

⑤医療機関は、現病歴・既往歴欄への記載で構いませんが、複数の機関がある場合や、より具体的で見やすく記述できると判断した場合には、本欄に記載しても差し支えありません。

 わかりやすい書き方の文例

【公的サービス】
・介護予防通所介護　　　週1回（火曜日）9時〜13時　222-333-4444
・○○市（高齢福祉課）　タクシー券　年4枚
・△△区（いきがい課）　理美容補助券　年3枚
・□□整形（●●医師）　月2回（外来受診・徒歩にて）000-00-0000
【非公的サービス】
・夕飯宅配　週7日（夕飯）　（株）○○サービス　001-002-0003
・安否確認　（一声サポート）　○○地区シニア会　担当田中さん　週1回（土曜）
・長女　　週7日（毎朝）　服薬確認の電話

＋α　必要な情報は、様式にこだわらずに記載する

　利用者基本情報の様式を見ると、枠に書ききれないと感じる人も多いのではないでしょうか。ケアマネジャー等のなかには「記載欄が狭いから」という理由で必要な情報を書いていないという場合があります。これでは、適切なアセスメントにはなりません。余白を活用する、別用紙に記載する等の工夫をし、必要な情報を確実に把握できるようにしてください。

＋α　家族に関する情報も重要

　介護予防ケアプランや利用者基本情報において「家族に関する記載がない」ということがあります。作成者に理由を聞いてみると、「本人が元気なので」「本人に必要ないと言われたので」という答えが返ってきます。確かに、利用者自身がその要否を判断できる場合も多いですが、年齢や疾患などのさまざまな要素を踏まえ、家族の状況は理解しておく必要があります。万が一、利用者に急変等の事態が発生した場合、「家族のことは全く把握していない」ということは、専門職として適切な支援とはいえません。

●介護予防支援経過記録（サービス担当者会議の要点を含む）

① p.104

利用者氏名 _____

年　月　日	内　　容

※1　介護予防支援経過は、具体的には、時系列に出来事、訪問の際の観察（生活の活発さの変化を含む）、サービス担当者会議の内容、利用者・家族の考えなどを記入し、介護予防支援や各種サービスが適切に行われているかを判断し、必要な場合には方針変更を行うためのサービス担当者会議の開催、サービス事業所や家族との調整などを記入する。
　　2　サービス担当者会議を開催した場合には、会議出席者（所属（職種）氏名）、検討した内容等を記入する。

計画作成者氏名　_____

年　月　日	内　　容
	②モニタリングの記載をする場合 p.106

Ⅲ 介護予防支援経過記録の書き方

① 介護予防支援経過記録

 厚労省通知

○利用者氏名・計画作成者氏名
　利用者氏名欄は、当該利用者の氏名を記載する。計画作成者氏名欄は、当該介護予防サービス計画等作成者（介護予防支援事業所の担当者名）の氏名を記載する。なお、地域包括支援センターの設置者である介護予防支援事業者において、介護予防支援業務又は介護予防ケアマネジメントを委託する場合には、委託を受けた指定居宅介護支援事業所の担当介護支援専門員名もあわせて記載する。

○年月日・内容
　訪問、電話、サービス担当者会議等での連絡や相談、決定事項等があった場合その日付と相談や会議内容、決定事項等の内容を記載する。事業所から報告書等が提出された場合は、ここに添付する。ここでは、事実の記載は最重要事項であるが、その事実に基づき介護予防サービス計画等の修正が必要と考えられた場合などは、記録を残すことも重要である。

 わかりやすい書き方とその考え方

○専門職にとって記録は必須業務であり、具体的に記載することが原則です。「いつ・どこで・誰が・何を」という基本的な記録に加え、専門職間でのやりとりや、利用者や家族が話した内容は端折らずに丁寧かつ事実に忠実に記録します。

○ケアプランの修正等が必要と判断した場合には、変更が必要な理由や利用者の状況を具体的に記録することが重要です。

○サービス担当者会議の要点を記載する場合には、各専門職の意見や討議した内容、利用者等の意見等を記載します。

 わかりにくい書き方

●抽象的な表現（「時々」「なるべく」といった表現等）は避けます。読み手の価値観等により、意味が変わってしまったり、具体的に理解できなかったりします。また、不明瞭な表現を避けます。例えば、単に「家族」という表記では、間柄・続柄がわかりません。

書き方のポイント

①事実に基づき具体的に記載します（いつ・どこで・誰が・何を）。

②利用者や家族の発言を記載する場合は、「逐語（一語一語を忠実にたどる）」で記載します。

③サービス担当者会議の要点を記載する場合は、各専門職の意見や討議した内容等について漏らすことなく記載します。

　わかりにくい書き方の文例

・家族から連絡あり。→続柄や連絡方法、連絡のあった時間帯等が不明
・本人より通所介護の送迎に関する内容の電話あり。
→送迎に関して具体的にどのような内容についての連絡なのかが不明
・サービス担当者会議にて、専門職から意見を聴取した。→具体的な内容が不明

　わかりやすい書き方の文例

・長女が 13:45 に事業所に来所して、ショートステイ利用の相談あり
・本人より通所介護の送迎について、「迎えの時間が守られない」ことに対して、改善を希望する電話あり
・16:00　○○訪問介護事業所（□□管理者）より報告の電話あり。訪問時に顔面紅潮を発見し、体温測定すると 37.6℃であった。本人は体調不良や食欲減などの諸症状はないとのこと。一見する限りでは変調は確認できないが、長男にメールし、長男から「早く帰宅する」と返信があったとのこと
・（サービス担当者会議の要点）
□各専門職の意見の記録（理学療法士○○　介護福祉士△△　看護師☆☆）
□（欠席）氏名・欠席理由・原案に対する意見の記録

ケアプラン点検者
はココを見る！

□日付の整合性がとれているか（説明・同意・交付等が適切な時期（サービス開始前）に行われているか）。
□サービス担当者会議の要点では、各専門職の意見内容、討議した内容についての記載の有無。

モニタリングの記載をする場合

　　モニタリングを記載する場合には、単にサービスが継続していることだけの確認だけでなく、介護予防サービス計画書等作成者が専門的に観察したことや判断したこと、今後の支援の方針や目標の達成状況なども確認し、客観的に記載する。生活機能の状況や課題の変化に留意し、介護予防サービス計画等の修正が必要と考えられた場合や、介護予防サービス計画等に反映していない特記事項（家族との関係、本人が知らない病名など）についても記録を残すことも重要である。

引用：一般財団法人長寿社会開発センター「地域包括支援センター運営マニュアル　3訂」p.288、2022年

 わかりやすい書き方とその考え方

●居宅介護支援と同様にモニタリングについては、以下の点を客観的に把握し、記載します。
　①介護予防ケアプランに位置づけられたサービス等の実施状況（**実践度**）
　②目標に対する現在の進捗状況（**達成度**）
　③①の実践度と②の達成度から現在のサポートや頻度等の妥当性の判断（**適正度**）
　④新しい生活上の課題や可能性（**継続的アセスメント**）

 わかりにくい書き方

●具体的な状況を把握できておらず、大雑把な記載になっています（目標に対して、「おおむね順調」というような抽象的な表現などです）。また、変化を確認したことに対して専門職としての所見や判断内容の記載がありません。

 わかりにくい書き方の文例

・おおむね順調であり、特に問題なし。
→何がどのように順調なのかがわからない
・利用者および家族も満足している。
→何に満足しているのかがわからない
・モニタリングの確認項目に対して「○」「レ点」のみで、状況の記載がない。

わかりやすい書き方の文例

- 通所介護は休まず利用し、機能訓練およびセルフケア（足上げ）もケアプランどおりに実施しており、意欲的に取り組んでいる
- 自宅近くの公園（約50m）まで、雨の日以外は歩いている。3か月前に聞かれていた「ふらつくことへの不安」の発言はなく、「自信がついてきた」と発言あり
- 計画していたデイサービスを欠席（3月分4回）しており、自宅内で昼夜ともに横になって過ごしている。活動性の低下がみられると同時に、「やりたくない」というネガティブ発言が聞かれる。4月は長女の付き添いにて、介護予防通所リハビリテーションを活用することとした
- 訪問介護を活用して3か月が経過し、生活全般で活気と行動力が増している。家事（掃除・洗濯・調理）については、サポートがなくても自力で実施できている
- 季節の変わり目にあたり、体調変動（めまい・倦怠感）による気分の浮き沈みと活動性の高低がある。利用者の同意を得たので、令和6年4月11日に通院に同行し、主治医から対応等について助言を得ることとした

ケアプラン点検者
はココを見る！

- □ モニタリングで確認すべきこと（4領域）について、把握・記録しているか。
- □ 利用者の変化を確認した際、専門職としての判断内容が記載されているか。また、その変化に対して具体的に行動した内容が記録されているか。
- □ （令和6年4月以降）テレビ電話等のオンラインにて実施している場合、条件を満たすための記録等が適切に行われているか。

第**4**章

介護予防ケアプラン
の記載事例

Case

01

一人暮らしで外出が減っている利用者が介護予防通所リハビリテーションを活用する事例

事例概要

岩手　花子さん（女性）

73歳、要支援2、一人暮らし、変形性膝関節症・骨粗鬆症

※指定居宅介護支援事業者が保険者から指定介護予防支援事業者の指定を受けているケース

● 3か月ほど前から両膝の痛みが強く、自宅内外での活動機会が減少。結果、食欲の低下（体重の減少）がみられる。整形外科への受診は継続し、痛みがあっても動かすように言われている。

● 長女は、隣町に住んでいる。長女は本人の様子を心配し、週1回程度訪問し、食材などを届けている。また、買い物はスーパーマーケットによる宅配サービスを利用し、掃除や洗濯は時間をかけながらも何とか自力で行っている。

● 食欲が低下（体重が減少）している状況については、指摘されたことで、本人は認識（自覚）しており、長女に心配をかけたくないという思いも強い。

事例のポイント

　両膝の痛みによる活動性の低下とそれに伴う食欲低下（体重減少）がみられています。

　支援のポイントとして、
①両膝の痛みの状況の確認
②食事量の増加
③活動性の回復
を重視していく事例です。

　サービスとしては、介護予防通所リハビリテーションを導入し、長女によるサポートや宅配サービスを活用しながら目標の実現を目指します。

書き方のポイント

　利用者自身が、現状に対して認識（自覚）があり、「**自分以外（長女）に心配をかけたくない**」という思いがあります。

　「長女に心配をかけないように、しっかり食べます」など本人のモチベーションになるような意向は、発言どおりにケアプランに記載しておくことが重要です。

● **基本チェックリスト**

No.	質問項目	回　答：いずれかに○をお付け下さい	
1	バスや電車で 1 人で外出していますか	0. はい	(1. いいえ)
2	日用品の買い物をしていますか	0. はい	(1. いいえ)
3	預貯金の出し入れをしていますか	0. はい	(1. いいえ)
4	友人の家を訪ねていますか	0. はい	(1. いいえ)
5	家族や友人の相談にのっていますか	(0. はい)	1. いいえ
6	階段を手すりや壁をつたわらずに昇っていますか	0. はい	(1. いいえ)
7	椅子に座った状態から何もつかまらずに立ち上がっていますか	(0. はい)	1. いいえ
8	15 分位続けて歩いていますか	0. はい	(1. いいえ)
9	この 1 年間に転んだことがありますか	1. はい	(0. いいえ)
10	転倒に対する不安は大きいですか	(1. はい)	0. いいえ
11	6 ヵ月間で 2 ～ 3kg 以上の体重減少がありましたか	(1. はい)	0. いいえ
12	身長　152　cm　　　体重　39　kg　　（BMI=　16.88　）（注）		
13	半年前に比べて固いものが食べにくくなりましたか	(1. はい)	0. いいえ
14	お茶や汁物等でむせることがありますか	1. はい	(0. いいえ)
15	口の渇きが気になりますか	1. はい	(0. いいえ)
16	週に 1 回以上は外出していますか	0. はい	(1. いいえ)
17	昨年と比べて外出の回数が減っていますか	(1. はい)	0. いいえ
18	周りの人から「いつも同じ事を聞く」などの物忘れがあると言われますか	1. はい	(0. いいえ)
19	自分で電話番号を調べて、電話をかけることをしていますか	(0. はい)	1. いいえ
20	今日が何月何日かわからない時がありますか	1. はい	(0. いいえ)
21	（ここ 2 週間）毎日の生活に充実感がない	1. はい	(0. いいえ)
22	（ここ 2 週間）これまで楽しんでやれていたことが楽しめなくなった	1. はい	(0. いいえ)
23	（ここ 2 週間）以前は楽にできていたことが今はおっくうに感じられる	(1. はい)	0. いいえ
24	（ここ 2 週間）自分が役に立つ人間だと思えない	1. はい	(0. いいえ)
25	（ここ 2 週間）わけもなく疲れたような感じがする	1. はい	(0. いいえ)

（注）BMI= 体重（kg）÷身長（m）÷身長（m）が 18.5 未満の場合に該当とする

● 介護予防サービス・支援計画書

No. 1

利用者名 　岩手　花子 　　　様　認定年月日　令和6 年 5 月 12 日

計画作成者氏名 　神奈川　太郎 　（●●ケアプランセンター）

計画作成（変更）日　令和6 年 5 月 25 日（初回作成日　令和6 年 5 月 25 日）

目標とする生活

1日	①1日3食を食べる。②自宅内で足上げ運動を2回する。

アセスメント領域と 現在の状況	本人・家族の 意欲・意向	領域における課題 （背景・原因）
（運動・移動について） ・両膝の痛みにより、歩く機会が減った。自宅内外での活動が減っている。 ・60代から変形性膝関節症により整形外科を受診している。 ・痛みについては、医師より完治は難しいが、歩かないとより歩けなくなるとの所見がある（痛み増強時は本人の判断にて痛み止めを服用中）。	本人： ・両膝が痛いので歩くことが減った。 ・膝の痛みについては、受診しているし、医者に痛くても歩くよう言われている。 長女： ・外でも歩けるようになって、毎年恒例の家族旅行も行きたい。	■有 □無 ・季節の変わり目や寒暖差が激しい時期に両膝の痛みが強くなり、活動量が減っている。
（日常生活（家庭生活）について） ・掃除や洗濯は時間を要しながらも自立している。 ・買い物はスーパーマーケットの宅配サービスを利用している。	本人： ・掃除や洗濯は今後も自分で続けていきたい。 長女： ・掃除機を使った床の掃除を続けてもらいたい。	□有 ■無
（社会参加、対人関係・コミュニケーションについて） ・外出の機会が減っており、週1回訪問する長女との交流以外は、ほとんどない。	本人： ・長女と話すことができているので、問題ない。 長女： ・他者との交流が少ないことが少し心配。	□有 ■無
（健康管理について） ・食事量が減り、体重が減っている （BMI 16.88）。	本人： ・体重が減っていることには、言われるまで気がつかなかった。 ・自分では食べているつもりでいたけど、体重が減っていて驚いた。 ・長女に心配をかけないように、しっかり食べます。 長女： ・食事をしっかり食べて、元気な生活を取り戻してほしい。 ・できるサポートをします。	■有 □無 ・活動性の低下から食事量が減少。そのことにより、体重が減少している。

| 初回・紹介・継続 | 認定済・申請中 | 要支援1・要支援2 | 地域支援事業 |

認定の有効期間　令和6年　6月　1日　〜　令和7年5月31日

委託の場合：計画作成者事業者・事業所名及び所在地（連絡先）

担当地域包括支援センター：

| 1年 | 長女家族と毎年恒例の旅行に行く。 |

総合的課題	課題に対する目標と具体策の提案	具体策についての意向 本人・家族
両膝の痛みから、活動（歩く等）が減り、その影響もあり、食事量が減っている。 （現在は、痛みがあっても家事等をすることが可能であるが、現在の状況が継続することで、身体の機能低下が進み、日常生活にも影響をきたす心配がある）。	【目標①】令和6年6月1日〜令和7年5月31日 体重を45kgまで戻す。 （具体策） ①1日3食を食べるようにする（食べた物を書いておく）。 ②体重を毎日測る。 ③週1回、おかずの宅配サービス（継続）を利用する。 【目標②】令和6年6月1日〜令和7年5月31日 400m先のスーパーマーケットに週3回は自分で買い物に行く。 【具体策】 ①足上げ運動を1日2回（朝・晩）行う。 ②歩行訓練に週2回通う。 ③長女と一緒に買い物に行く（当面は週1回）。	【目標①】 本人： 膝の痛みが気になるあまり、食事量や体重の減少には自分では気がつかなかったが、これからも自宅で暮らしたいので言われたようにやってみる。 長女： 膝の痛みは、もう10年も続いていて、その気持ちをわかってあげながらも、一緒に目標に向かっていきたい。 【目標②】 本人： 週1回、行けるところから頑張りたい。 長女： 季節によって体調が変わるので、様子を見ながらサポートしたい。

目標	支援計画	
	目標についての 支援のポイント	本人等のセルフケアや家族の 支援、インフォーマルサービス （民間サービス）
提案どおり。	【目標①】 体重推移と食事内容を見ながら、サポートする（看護師）。	本人： ①1日3食を食べ、食べた物を書いておく。 ②体重を測り、記録する（毎朝）。 民間サービス： ・宅配サービス（週1回・水）。
	【目標②】 膝の痛みを確認しながら、歩行訓練のサポートをする（理学療法士）。 ※痛み止めを服用する状況のときには訓練内容を変更する。	本人： ・椅子に座って、足上げ運動（1日2回、1回15分）。 長女： ・買い物に一緒に行く（週1回・土）。

健康状態について
□主治医意見書、健診結果、観察結果等を踏まえた留意点

> 両膝の痛みが継続しているが、歩行はしたほうがよい。痛みが強いときには痛み止めを服用する。
> 　令和6年5月13日　○○クリニック△△医師

【本来行うべき支援が実施できない場合】
妥当な支援の実施に向けた方針

基本チェックリストの（該当した質問項目数）／（質問項目数）を記入して下さい。
地域支援事業の場合は必要な事業プログラムの枠内の数字に○印をつけて下さい。

	運動不足	栄養改善	口腔内ケア	閉じこもり 予防	物忘れ予防	うつ予防
予防給付または 地域支援事業	3/5	2/2	1/3	0/1	0/3	1/5

※介護予防サービス・支援計画書は、本来1ページの体裁ですが、読みやすくするため、2ページに分けて掲載しています（以下同）。

介護保険サービス 又は地域支援事業 （総合事業のサービス）	サービス 種別	事業所 （利用先）	期間
①体重測定。 ②自宅での食事内容の確認と助言。	①② 介護予防通所リハビリテーション 週2回 （火・木 10:00 ～ 13:00）	○○事業所	令和6年6月1日～ 令和7年5月31日
・歩行訓練。	介護予防通所リハビリテーション 週2回 （火・木 10:00 ～ 13:00）	○○事業所	令和6年6月1日～ 令和7年5月31日

総合的な方針：生活不活発病の改善予防のポイント

> 膝の痛みによって、生活のなかで動く量や食事量が減少してしまう。家事（掃除・洗濯・買い物・調理）が継続できるよう痛みの度合いを確認する。

地域包括支援 センター ※委託の場合	【意見】

計画に関する同意

> 上記計画について、同意いたします。
>
> 令和6年 5月28日 氏名 岩手花子

骨折により実行できなくなった習慣を
介護予防訪問リハビリテーションの
利用により、取り戻す事例

 事例概要

山形　昌さん（男性）

84歳、要支援2、妻と分譲住宅地の一戸建てで二人暮らし、右大腿骨頸部骨折。

> ※指定居宅介護支援事業者が地域包括支援センターから委託を受けている
> ケース

● 二人の息子は、各々の家族と県外に暮らす。

2時間かけ通勤した会社を60歳で定年退職後に関連会社の
役員として勤務。なじみの珈琲店で、朝食を摂りながら新聞を読む習慣は80歳を超えても続き、顔なじみの客と交流があった。

● 学生時代は、陸上部に所属。身体機能には自信をもっていたが、**3か月前、転倒し、右大腿骨頸部を骨折。人工骨頭置換術後、リハビリテーションを経て自宅**に戻る。

● 高血圧・高脂血症は、治療中。

事例のポイント

　転倒による骨折をするまでは、身体機能に自信をもっていましたが、骨折をしたことで少し自信を失くしてしまいました。

　しかし、長きにわたり習慣としてきたなじみの珈琲店に行くことを強く望んでいます。

　妻は、一人で歩かせるには心配もあるようですが、本人の気持ちを尊重したいと考えています。

　本人が大切にしてきた生活習慣（店主や顔なじみの客との会話、生活の豊かさを感じられる心地よい居場所）を取り戻す事例です。

書き方のポイント

　「目標とする生活」は、**本人が主体的に取り組めること、本人の動機づけにつながること**を書きます。本事例では、「一人で珈琲店に通う」というのが、それにあたります。

　また、本人の思い（望み）とニーズ（解決すべき課題）が合致しているケースであるため、「目標とする生活」の1日・1年の欄と、「目標」欄は関連性の高い表記となります。

●基本チェックリスト

No.	質問項目	回　答：いずれかに ○をお付け下さい	
1	バスや電車で 1 人で外出していますか	0. はい	**(1. いいえ)**
2	日用品の買い物をしていますか	0. はい	**(1. いいえ)**
3	預貯金の出し入れをしていますか	**(0. はい)**	1. いいえ
4	友人の家を訪ねていますか	0. はい	**(1. いいえ)**
5	家族や友人の相談にのっていますか	**(0. はい)**	1. いいえ
6	階段を手すりや壁をつたわらずに昇っていますか	0. はい	**(1. いいえ)**
7	椅子に座った状態から何もつかまらずに立ち上がっていますか	0. はい	**(1. いいえ)**
8	15 分位続けて歩いていますか	0. はい	**(1. いいえ)**
9	この 1 年間に転んだことがありますか	**(1. はい)**	0. いいえ
10	転倒に対する不安は大きいですか	**(1. はい)**	0. いいえ
11	6 ヵ月間で 2 ～ 3kg 以上の体重減少がありましたか	1. はい	**(0. いいえ)**
12	身長　170　cm　　　体重　65　kg　（BMI＝　22.5　）　（注）		
13	半年前に比べて固いものが食べにくくなりましたか	1. はい	**(0. いいえ)**
14	お茶や汁物等でむせることがありますか	1. はい	**(0. いいえ)**
15	口の渇きが気になりますか	1. はい	**(0. いいえ)**
16	週に 1 回以上は外出していますか	0. はい	**(1. いいえ)**
17	昨年と比べて外出の回数が減っていますか	**(1. はい)**	0. いいえ
18	周りの人から「いつも同じ事を聞く」などの物忘れがあると言われますか	1. はい	**(0. いいえ)**
19	自分で電話番号を調べて、電話をかけることをしていますか	**(0. はい)**	1. いいえ
20	今日が何月何日かわからない時がありますか	1. はい	**(0. いいえ)**
21	（ここ 2 週間）毎日の生活に充実感がない	1. はい	**(0. いいえ)**
22	（ここ 2 週間）これまで楽しんでやれていたことが楽しめなくなった	**(1. はい)**	0. いいえ
23	（ここ 2 週間）以前は楽にできていたことが今はおっくうに感じられる	1. はい	**(0. いいえ)**
24	（ここ 2 週間）自分が役に立つ人間だと思えない	1. はい	**(0. いいえ)**
25	（ここ 2 週間）わけもなく疲れたような感じがする	1. はい	**(0. いいえ)**

（注）BMI＝ 体重（kg）÷身長（m）÷身長（m）が 18.5 未満の場合に該当とする

●介護予防サービス・支援計画書

No. 2

利用者名	山形　昌	様	認定年月日　令和7年　3月　25日

計画作成者氏名　埼玉　晴子（宮崎　勇）

計画作成（変更）日　令和7年　3月　25日（初回作成日　令和7年　3月　25日）

目標とする生活

1日	自宅内で歩行トレーニングを行う（朝食前・昼食前・夕食前の3回）。

アセスメント領域と 現在の状況	本人・家族の 意欲・意向	領域における課題 （背景・原因）
（運動・移動について） ・杖など支えを使うと、介助なく歩くことができるが、歩行状態には不安定さがある（歩行距離や活動時間が骨折前よりも短い）。	本人： ①歩くとき、今は自分でも怖い。しかし、通っていた珈琲屋に行けるよう頑張りたい。 ②杖が慣れない。 妻： 自由に外出できるようになってほしいが、今は難しいと思う。	■有　□無 ①杖の使用にも慣れておらず、バランスを崩しやすい。 ②今は、恐怖心があるため、積極的な自力での歩行が難しい。
（日常生活（家庭生活）について） ・財産管理を自分で行っている。 ・退院後は、同居の妻が家事全般を行っている。	本人： 協力して家事をしたい気持ちはある。 妻： 急がずに少しずつ回復してほしい。	□有　■無
（社会参加、対人関係・コミュニケーションについて） ・外出頻度や他者とのかかわりが減っている（骨折以前は、なじみの珈琲店で毎日朝食を摂っていたが、現在は外出していない）。	本人： 行く場所がないのはつらい。 妻： 私が一緒にお店まで行こうと思うが、最後は自分で行けるようになってほしい。	■有　□無 外出がほとんどできず、家族以外とかかわる機会がなくなっている。そのことで、自信もなくなっている。
（健康管理について） ・妻が付き添い、タクシーで月2回外来診療に通う。 ・薬の飲み忘れはない。	本人： 引き続き薬の飲み忘れはないようにしたい。 妻： 外来診療を受けられているのは安心。	□有　■無

| 初回・紹介・継続 | 認定済・申請中 | 要支援1・要支援2 | 地域支援事業 |

認定の有効期間　令和7年　4月　1日　～　令和9年　3月　31日

委託の場合：計画作成者事業者・
事業所名及び所在地（連絡先）　　○○居宅介護支援事業者・○○県○○市○—●

担当地域包括支援センター：　○○地域包括支援センター

| 1年 | ①一人で珈琲店に通う。　②妻とミュージカル鑑賞に行く。 |

総合的課題	課題に対する目標と具体策の提案	具体策についての意向 本人・家族
①骨折部の治療（人工骨頭置換術）による、体力低下や歩行能力の低下がある。	【目標①】令和7年4月1日～令和8年3月31日 一人で外出できるようになる。 【具体策】 ①専門家のサポートのもと、歩行訓練を自宅内外で行う。 ②歩行トレーニングを自分で行う。	【目標①】 本人： 専門家の指導を受けて、もう一度、以前のように歩けるようになりたい。 妻： 一人で歩けるようになるまでは、付き添いたい。
②自宅内での生活となり、以前のような社会生活ができずにいる。	【目標②】令和7年4月1日～令和8年3月31日 以前のようになじみの店で店主や知り合いとともに過ごす時間をもつ。 【具体策】 ①妻と一緒に珈琲店に行く（週2　木・日）。 ②長男と次男の家族とテレビ電話で会話をする（週3　月・水・金）。	【目標②】 本人： 妻や子どもたちに迷惑をかけないよう、頑張ろうと思う。 妻： 息子家族も協力的なので、しばらくは力を借りつつ、夫婦でやっていこうと思う。

目標	支援計画	
	目標についての 支援のポイント	本人等のセルフケアや家族の 支援、インフォーマルサービス （民間サービス）
提案のとおり。	【目標①】 トレーニング時は、下半身に必要以上の負荷がかからないよう正しい姿勢になるよう留意する。	【目標①】 本人： 歩行トレーニングを行う。 1日3回（朝食前・昼食前・夕食前）。
		【目標②】 本人： 外出する準備と出かける前の準備運動を行う（週2　木・日）。 妻： 珈琲店に一緒に行く（週2　木・日）。 長男と次男の家族： 21時までにテレビ電話をする（週3　月・水・金）。

健康状態について
□主治医意見書、健診結果、観察結果等を踏まえた留意点

> 退院後に歩行訓練を続けること。転倒に注意すること。
> 　　　　　令和7年3月25日　○○病院△△医師

【本来行うべき支援が実施できない場合】
妥当な支援の実施に向けた方針

基本チェックリストの（該当した質問項目数）/（質問項目数）を記入して下さい。
地域支援事業の場合は必要な事業プログラムの枠内の数字に○印をつけて下さい。

	運動不足	栄養改善	口腔内ケア	閉じこもり 予防	物忘れ予防	うつ予防
予防給付または 地域支援事業	5/5	0/2	0/3	1/1	0/3	1/5

介護保険サービス 又は地域支援事業 （総合事業のサービス）	サービス 種別	事業所 （利用先）	期間
①歩行トレーニング（自宅内外）。 ②自主トレーニングメニューの提案。	①② 介護予防訪問リハビリテーション（週1回　火13：00～14：00）	○○訪問リハビリテーション	令和7年4月1日～ 令和8年3月31日
			令和7年4月1日～ 令和8年3月31日

総合的な方針：生活不活発病の改善予防のポイント

現在は、妻の助けを借りながら歩行トレーニングを重ねていきます。支援チームとしては、足の運びや姿勢等に注意しながらサポートします。

地域包括支援 センター ※委託の場合	【意見】 埼玉　晴子

計画に関する同意

上記計画について、同意いたします。

令和7年　3月　28日　氏名　山形　昌

03

ペットの死をきっかけにうつ病を発症した利用者が介護予防訪問看護を活用しながら生活基盤を整えた事例

事例概要

長崎　陽子さん（女性）

75歳、要支援1、一人暮らし、うつ病・不安神経症

※指定居宅介護支援事業者が保険者から指定介護予防支援事業者の指定を受けているケース

- 専業主婦として3人の子どもを育てる。子どもはそれぞれ家庭をもち、自立。

- 6年前に夫が逝去。その際、一時的な気分の落ち込み、身体的な不調があったが、地元のカラオケ仲間やヨガ教室の友人に支えられ回復。その後、変形性膝関節症となり、外出が億劫になり、友人と会う機会も減っていた。

- 2か月前、15年間飼っていた猫が亡くなった。ヨガ教室の友人でもある民生委員が、ヨガ教室を休み続けている本人を心配して訪ねたところ、眠れていない様子で顔色が悪かった。民生委員から長女に連絡をとり、受診。軽度のうつ病と診断された。現状としては、家事など生活に必要なことはすべて自力でできている。

事例のポイント

　75歳を超え、体力にも変化が出てきたときに、唯一の同居人であった猫が亡くなりました。身近なペットの死により精神的な落ち込みが大きくなりました。認知症状と間違いやすい側面もあるため、専門医に受診し、軽いうつ病と診断されました。

　治療に関して、本人は、服薬をしながら、亡くなった夫の介護の際に利用していた訪問看護を活用することに同意しました。

　主治医・訪問看護師、本人・家族が心身の状態を確認しながら、社会的な関係の回復を目指し、身体的・精神的な安定を獲得した事例です。

書き方のポイント

　利用者は（軽度）うつ病と診断されています。本人はもの忘れの自覚もあり、不安な気持ちを抱えています。本人の思いを否定することなく受け止め、本人ができていること、できるようになりたいことを一緒に確認し、本人より語られたことを目標につなげていきます。

　特に、支援計画には本人自らが取り組めることやカラオケ仲間、ヨガ教室の友人等に協力してもらえることを記載し、本人の生きる意欲を高めていくことが重要です。

●基本チェックリスト

No.	質問項目	回　答：いずれかに〇をお付け下さい	
1	バスや電車で 1 人で外出していますか	0. はい	(1. いいえ)
2	日用品の買い物をしていますか	(0. はい)	1. いいえ
3	預貯金の出し入れをしていますか	(0. はい)	1. いいえ
4	友人の家を訪ねていますか	0. はい	(1. いいえ)
5	家族や友人の相談にのっていますか	0. はい	(1. いいえ)
6	階段を手すりや壁をつたわらずに昇っていますか	0. はい	(1. いいえ)
7	椅子に座った状態から何もつかまらずに立ち上がっていますか	(0. はい)	1. いいえ
8	15 分位続けて歩いていますか	(0. はい)	1. いいえ
9	この 1 年間に転んだことがありますか	1. はい	(0. いいえ)
10	転倒に対する不安は大きいですか	(1. はい)	0. いいえ
11	6 ヵ月間で 2 ～ 3kg 以上の体重減少がありましたか	1. はい	(0. いいえ)
12	身長　158　cm　　体重　42　kg　　（BMI＝　18.65　　）　（注）		
13	半年前に比べて固いものが食べにくくなりましたか	1. はい	(0. いいえ)
14	お茶や汁物等でむせることがありますか	1. はい	(0. いいえ)
15	口の渇きが気になりますか	1. はい	(0. いいえ)
16	週に 1 回以上は外出していますか	(0. はい)	1. いいえ
17	昨年と比べて外出の回数が減っていますか	(1. はい)	0. いいえ
18	周りの人から「いつも同じ事を聞く」などの物忘れがあると言われますか	1. はい	(0. いいえ)
19	自分で電話番号を調べて、電話をかけることをしていますか	(0. はい)	1. いいえ
20	今日が何月何日かわからない時がありますか	1. はい	(0. いいえ)
21	（ここ 2 週間）毎日の生活に充実感がない	(1. はい)	0. いいえ
22	（ここ 2 週間）これまで楽しんでやれていたことが楽しめなくなった	(1. はい)	0. いいえ
23	（ここ 2 週間）以前は楽にできていたことが今はおっくうに感じられる	1. はい	(0. いいえ)
24	（ここ 2 週間）自分が役に立つ人間だと思えない	1. はい	(0. いいえ)
25	（ここ 2 週間）わけもなく疲れたような感じがする	(1. はい)	0. いいえ

（注）BMI＝ 体重（kg）÷身長（m）÷身長（m）が 18.5 未満の場合に該当とする

●介護予防サービス・支援計画書

No. 3

利用者名	長崎　陽子	様	認定年月日　令和7年　1月　16日

計画作成者氏名　茨城　大輔

計画作成（変更）日　令和7年　1月　21日（初回作成日　令和7年　1月　21日）

目標とする生活

1日	○○公園まで歩いて行く（雨の日以外は毎日）。

アセスメント領域と 現在の状況	本人・家族の 意欲・意向	領域における課題 （背景・原因）
（運動・移動について） ・外出の機会は減っていますが、一人で15分程度は続けて歩くことができる。	**本人：** 少し転倒の不安はあるけれど、ゆっくり歩けば大丈夫。 **長女：** 本人のできる範囲で引き続き歩いてほしい。	□有　■無
（日常生活（家庭生活）について） ・家事全般（掃除・洗濯・調理等）を自力でできている。 ・買い物は週に1回、長女と一緒に行う。	**本人：** 時間はかかるけど自分でできる。 **長女：** 時間がかかっていて大変そうだけど、本人ができるのなら、続けてほしい。	□有　■無
（社会参加、対人関係・コミュニケーションについて） ・一歩も外に出ない日が増えている（現在は週1回程度）。 ・カラオケとヨガ教室を休んでいる(行きたい気持ちが起きない)。 ・仲間が迎えに来てくれるときなどは、集まりに参加することができている（月に1回）。	**本人：** みんなに迷惑をかけるので、カラオケやヨガ教室は、体調のよいときだけ参加したい。 **長女：** カラオケやヨガ教室は、なるべく毎回参加してほしい。	■有　□無 気分の落ち込みにより、人に会うことが負担になることで、他者とのかかわりが減り、意欲が低下している。
（健康管理について） ・月1回長女の同行で受診できている。 ・薬の服用はできている。	**本人：** 先生（医師）から、毎日の生活を規則正しくと言われているけど、思うようにいかないこともある。 **長女：** 活気ある母を取り戻してほしいです。	□有　■無

初回・紹介・継続	認定済・申請中	要支援1・要支援2	地域支援事業

認定の有効期間　令和6 年　12 月　20 日　～　令和7 年　12 月　31 日

委託の場合: 計画作成者事業者・
事業所名及び所在地（連絡先）　みらいケアプランセンター　○○市○-○-○

担当地域包括支援センター:

1年	ヨガ教室の友人と毎年恒例の●●のライブに行く。

総合的課題	課題に対する目標と具体策の提案	具体策についての意向 本人・家族
①気分の落ち込み等により、活動量が低下する心配がある。	【目標①】令和7年1月25日～令和7年12月31日 以前より行っていた家事（買い物・調理）を続けることができる。 【具体策】 ①体調や気持ちの変化等についての確認と助言を受ける（介護予防訪問看護）。 ②長女と食事メニューを考え、一緒に買い物、調理をする。	【目標①】 本人: 体調のこともあるので、訪問看護は活用したい。 長女: ハツラツとした母に戻ってほしい。現在の母の状況に対して、看護師にサポートしてもらえるのは、心強い。
②友人との活動や外出機会も減り、生活のなかでの意欲が低下している。	【目標②】令和7年1月25日～令和7年12月31日 友人等としていた活動を再開する。 【具体策】 ①●●公園まで散歩する（毎日）。 ②長女と週1回は買い物に出かける。 ③長男や孫たちと電話する（週3回以上）。 ④カラオケやヨガ教室のある日は、友人が声をかける。	【目標②】 本人: 友人のことは大好きなので、元気になったらヨガ教室やカラオケにも参加したい。 公園まで行きたいと思えないときもありそう。 長女: 本人ができる範囲で活動してほしい。

目標	支援計画	
	目標についての支援のポイント	本人等のセルフケアや家族の支援、インフォーマルサービス（民間サービス）
提案どおり。	【目標①】 気分の落ち込みの状態が悪化した際には、訪問看護師がすぐに訪問して状況を確認する。	本人： 長女と食事メニューを考え、一緒に買い物・調理をする。 長女： 本人と買い物・調理をする。
	【目標②】 気分がのらないときは無理をしない。	本人： ①●●公園まで散歩する（毎日）。 ②長女と週1回は買い物に出かける。 長女： 外出にあたり、必要な準備を一緒に行う。 長男や孫： 週3回以上、電話をする。 カラオケやヨガ教室の友人： 集まりがある日は、声かけをする。

健康状態について
□主治医意見書、健診結果、観察結果等を踏まえた
　留意点

月1回の受診を継続すること。家族と過ごしたり、地域の活動に参加したりするなど、少しずつ、社会的なかかわりを増やすとよい。転倒に注意。
　　　　令和7年1月20日　○○クリニック△△医師

【本来行うべき支援が実施できない場合】
妥当な支援の実施に向けた方針

基本チェックリストの（該当した質問項目数）／（質問項目数）を記入して下さい
地域支援事業の場合は必要な事業プログラムの枠内の数字に○印をつけて下さい

	運動不足	栄養改善	口腔内ケア	閉じこもり予防	物忘れ予防	うつ予防
予防給付または地域支援事業	2/5	0/2	0/3	0/1	0/3	3/5

介護保険サービス 又は地域支援事業 (総合事業のサービス)	サービス 種別	事業所 (利用先)	期間
①専門的な体調の把握と管理、精神的な援助。 ②服薬状況の確認・体重測定。 ③食事量や排泄状態の確認。 ④生活指導。 ⑤医師との連絡調整。	①〜⑤ 介護予防訪問看護 週1（木　14：00 〜 14：40）	○○訪問看護ステーション	令和7年1月25日〜 令和7年12月31日
			令和7年1月25日〜 令和7年12月31日

総合的な方針：生活不活発病の改善予防のポイント

家事（買い物・調理）を行いながら、これまでの社会活動（カラオケ・ヨガ教室など）を再開する機会をつくります。気持ちがよい方向に変化するようにサポートします。

地域包括支援 センター ※委託の場合	【意見】

計画に関する同意

上記計画について、同意いたします。

令和7年　1月　22日　氏名　長崎　陽子

Case 04

転倒をきっかけにセルフネグレクト状態に陥っている利用者が介護予防通所リハビリテーション等を活用し、活発な社会生活を取り戻すことを目指す事例

事例概要

宮城　太郎さん（男性）

78歳、要支援2、一人暮らし、セルフネグレクト、高血圧症

※地域包括支援センターが担当しているケース

- 結婚歴はなく、他県で姉と甥が暮らしている。仕事を定年退職してからは、自治会などで積極的に活動していた。
- 友人との外出時に転倒してしまったことで、**「まわりに迷惑をかけた」と落ち込み**、人とのかかわりを避けるようになった。転倒は捻挫で済んだが、転倒や他者への迷惑をおそれ、外出の機会が激減。買い物は、近くのコンビニで済ませているが、食欲も低下し、十分な栄養が摂れていない。
- 自宅には使わなくなった物や本などが無造作に置かれており、ゴミが積み重なっている状況。本人を心配した地域住民の通報により、支援につながる。

事例のポイント

　責任感があり、生真面目な性格。地域で活躍して、リーダー的な存在でした。そのため、友人と出かけた先で転倒し、周囲に迷惑をかけてしまったことを悔やみ、引きこもりがちになってしまいました。

　長年の一人暮らしで少しずつ増えた物の整理ができなくなったり、食欲も低下したりしているが、「別に困る人もいない」と、自分自身へのケアが十分にできていない状態です（セルフネグレクト）。

　まずは、十分な食事が摂れることで体力回復を目指します。

書き方のポイント

　ニーズ（解決すべき課題）に関して、専門職と利用者本人の認識が異なることがあります。専門職の提案に対して、「具体策についての意向」のなかで、利用者等から意見が生じた場合、**その意図や背景をよく聞き取り、両者が合意できたものを「目標」として位置づけ**ます。

　本事例では、利用者の「電車に乗って他県に住む姉に会いに行きたい」という思いが生活のモチベーションにつながると判断し、本人と相談のうえ目標を設定し直しています。

● **基本チェックリスト**

No.	質問項目	回　答：いずれかに○をお付け下さい	
1	バスや電車で 1 人で外出していますか	0. はい	(1. いいえ)
2	日用品の買い物をしていますか	(0. はい)	1. いいえ
3	預貯金の出し入れをしていますか	(0. はい)	1. いいえ
4	友人の家を訪ねていますか	0. はい	(1. いいえ)
5	家族や友人の相談にのっていますか	(0. はい)	1. いいえ
6	階段を手すりや壁をつたわらずに昇っていますか	0. はい	(1. いいえ)
7	椅子に座った状態から何もつかまらずに立ち上がっていますか	(0. はい)	1. いいえ
8	15 分位続けて歩いていますか	0. はい	(1. いいえ)
9	この 1 年間に転んだことがありますか	(1. はい)	0. いいえ
10	転倒に対する不安は大きいですか	(1. はい)	0. いいえ
11	6 ヵ月間で 2 〜 3kg 以上の体重減少がありましたか	(1. はい)	0. いいえ
12	身長　169　cm　　　体重　46　kg　　（BMI=　16.1　）（注）		
13	半年前に比べて固いものが食べにくくなりましたか	(1. はい)	0. いいえ
14	お茶や汁物等でむせることがありますか	1. はい	(0. いいえ)
15	口の渇きが気になりますか	1. はい	(0. いいえ)
16	週に 1 回以上は外出していますか	(0. はい)	1. いいえ
17	昨年と比べて外出の回数が減っていますか	(1. はい)	0. いいえ
18	周りの人から「いつも同じ事を聞く」などの物忘れがあると言われますか	1. はい	(0. いいえ)
19	自分で電話番号を調べて、電話をかけることをしていますか	(0. はい)	1. いいえ
20	今日が何月何日かわからない時がありますか	1. はい	(0. いいえ)
21	（ここ 2 週間）毎日の生活に充実感がない	(1. はい)	0. いいえ
22	（ここ 2 週間）これまで楽しんでやれていたことが楽しめなくなった	1. はい	(0. いいえ)
23	（ここ 2 週間）以前は楽にできていたことが今はおっくうに感じられる	1. はい	(0. いいえ)
24	（ここ 2 週間）自分が役に立つ人間だと思えない	1. はい	(0. いいえ)
25	（ここ 2 週間）わけもなく疲れたような感じがする	1. はい	(0. いいえ)

（注）BMI= 体重（kg）÷身長（m）÷身長（m）が 18.5 未満の場合に該当とする

●介護予防サービス・支援計画書

No. 4

利用者名	宮城　太郎	様	認定年月日　令和6年 10月 19日

計画作成者氏名　川崎　朋子

計画作成（変更）日　令和6年 10月 15日（初回作成日　令和6年 10月 15日）

目標とする生活

1日	1日1回は屋外に出て、近隣を歩く（10分以上）。

アセスメント領域と 現在の状況	本人・家族の 意欲・意向	領域における課題 （背景・原因）
（運動・移動について） ・転倒への不安から、歩く頻度や機会が減っている。	本人： 歩かないといけないことはわかっているけど、行動に移すことができない。	■有　□無 ①外出先で転倒し、一緒に出かけた友人に迷惑をかけたと強く感じている。その後、外出機会が減り、歩く機会や頻度も減っている。 ②現在は、買い物や受診に歩いて行くことができるが、このままでは、歩行状態の低下が予測される。
（日常生活（家庭生活）について） ・室内にコンビニ弁当やペットボトルの容器などが散らかっている。	本人： 調子のいいときにゴミを出している。ゴミが多くて捨てきれない状況は理解しているが、どうしようもない。	■有　□無 ・ゴミ捨てが十分にできず、足の踏みどころがない状況。このままの状態が続くと、衛生面など生活環境が悪化する心配がある。
（社会参加、対人関係・コミュニケーションについて） ・外出先で転倒してから自宅での生活中心で、自治会活動の参加がなくなった。	本人： 外出先で転倒して、みんな（一緒に出かけた友人）に迷惑をかけてしまったから、出かけるのが怖くなりました。	■有　□無 ・転倒を機に、他者に迷惑をかけたくないという気持ちから人とのかかわりを避けるようになってしまっている。
（健康管理について） ・食事量が低下して1日1食しか食べていない（体重46kg）。	本人： 出かけないからお腹も空かない。	■有　□無 ・自分自身のこと（生活状況や健康状態）に対する気持ちが低下していることから、食欲・食事量が低下している。

| 初回・紹介・継続 | 認定済・申請中 | 要支援1・要支援2 | 地域支援事業 |

認定の有効期間　令和６年　10 月　１日　〜　令和７年　9 月　30 日

委託の場合：計画作成者事業者・事業所名及び所在地（連絡先）

担当地域包括支援センター：　Ｋ地域包括支援センター

| 1年 | ○○自治会の活動に参加する。 |

総合的課題	課題に対する目標と具体策の提案	具体策についての意向 本人・家族
①食事量が減り、低体重になっている。	【目標①】令和６年10月20日〜令和７年9月30日 体重を52kgまで増やす。 【具体策】 ・朝昼晩（３食）食べ、食べた物を記録する。 ・配食サービスの利用。 ・食事量や内容の確認と助言。 ・体重測定。	【目標①】 本人： みなさんが心配してくれているし、迷惑をかけたくないので食べるように努力します。
②歩く機会や頻度が減り、歩行力の低下が心配される。	【目標②】令和６年10月20日〜令和７年9月30日 コンビニ（片道約1200歩）までその日の食事を買いに行くことができる。 【具体策】 ・歩行訓練（介護予防通所リハビリテーション）。 ・歩行時の姿勢や歩き方の確認と助言。	【目標②】 本人： ・コンビニでの買い物は続けたいが、さらに、電車に乗って他県に住む姉に会いに行きたい。
③ゴミが溜まり、衛生面など生活環境が悪化している。	【目標③】令和６年10月20日〜令和７年9月30日 週２回ゴミを捨てる（可燃ゴミ週２回　月・木、資源ゴミ月２回　第１・３土）。 【具体策】 ・民生委員○○さん声かけ（月２回　第１・３土）。 ・介護予防通所リハビリテーション迎え時にゴミを捨てる（週２回　月・木）。	【目標③】 本人： ・みなさんの世話にならず、生活していきたい。 ・ゴミ捨ては自分でもできると思う。
④周囲の人に迷惑をかけたくない気持ちが強く、人とのかかわりが減っている。	【目標④】令和６年10月20日〜令和７年9月30日 月１回の自治会主催の清掃活動に参加する。 【具体策】 ・自治会長からの案内と声かけ（清掃日前）。	【目標④】 本人： ・以前のように地域活動に参加したいが、みなさんの迷惑にはなりたくない。

目標	支援計画	
	目標についての 支援のポイント	本人等のセルフケアや家族の 支援、インフォーマルサービス （民間サービス）
①提案どおり。	朝昼晩と規則正しいほうがよいが、タイミングにこだわらず、食べられるときに食べるように留意する。	**本人：** ・3食食べ、食べた物を記録する（就寝前）。 **配食サービス：** ・栄養バランスのとれた昼食の提供（週3回　火・水・金）。
②電車に乗って、外出できるようになる（令和6年10月20日〜令和7年9月30日）。	杖の使用への抵抗感や転倒への不安感など精神面のサポートにも気を配る。	**本人：** ・下肢筋力の自主トレーニング（毎朝20分）。
③提案どおり。		**本人：** ・可燃ゴミを捨てる（週2回　月・木）。 ・資源ゴミを捨てる（月2回　第1・3土）。 **民生委員：** ・資源ゴミを捨てるときの声かけ（月2回　第1・3土）。
④提案どおり。		**本人：** ・清掃日を自治会報で確認する。 **自治会長：** ・清掃日前日に声かけをする。

健康状態について
□主治医意見書、健診結果、観察結果等を踏まえた留意点

> 高血圧症にて内服治療中。自宅中心の生活による心身機能の低下が心配される。
> 　　　　令和6年9月25日　　○○医院△△医師

【本来行うべき支援が実施できない場合】
妥当な支援の実施に向けた方針

基本チェックリストの（該当した質問項目数）／（質問項目数）を記入して下さい。
地域支援事業の場合は必要な事業プログラムの枠内の数字に○印をつけて下さい。

	運動不足	栄養改善	口腔内ケア	閉じこもり 予防	物忘れ予防	うつ予防
予防給付または 地域支援事業	4/5	2/2	1/3	0/1	0/3	1/5

介護保険サービス 又は地域支援事業 (総合事業のサービス)	サービス 種別	事業所 (利用先)	期間
①食事量や内容の確認、コンビニ等での食品購入時の助言（週1回　木）。 ②体重測定（月2回　木）。	介護予防通所リハビリテーション	○○通所センター	令和6年10月20日 ～令和7年9月30日
①自宅でできる筋力トレーニングの提案（週2回　月・木10：00～12：00）。 ②歩行訓練（週2回　月・木 10：00～12：00）。 ③歩行時の姿勢や歩き方の確認と助言。	介護予防通所リハビリテーション	○○通所センター	令和6年10月20日 ～令和7年9月30日
・可燃ゴミを捨てるときの声かけ（週2回　月・木）。	介護予防通所リハビリテーション	○○通所センター	令和6年10月20日 ～令和7年9月30日
			令和6年10月20日 ～令和7年9月30日

総合的な方針：生活不活発病の改善予防のポイント

> 転ぶこと等を心配して、外出の機会が減りました。同時に、食事量が減っているので、まずは、食事の改善を目指しましょう。支援チームは食事量・内容と体重を確認していきます。
> そして、少しずつ以前のように地域活動に参加できるよう支援します。

計画に関する同意

地域包括支援センター ※委託の場合	【意見】

上記計画について、同意いたします。

令和6年　10月16日　氏名　宮城太郎

Case 05

パーキンソン病の利用者が介護予防訪問リハビリテーションを活用しながら、生活を再構築していく事例

事例概要

静岡　観月さん（女性）

73歳、要支援2、夫（73歳）と二人暮らし、パーキンソン病

※地域包括支援センターが担当しているケース

- 退職後、68歳を過ぎて手足の震えが気になり、70歳で現在の主治医を受診し、パーキンソン病の診断を受ける。家事は、夫と協力して行う。

- 子どもは二女一男がおり、市内他区でそれぞれ家庭をもっている。買い物は長女や次女も手伝う。来春、孫娘の結婚式に出席するのを楽しみにしている。

- パーキンソン病の進行により、身体のバランスがとりづらくなったことで、要支援認定を受け、サービス利用につながる。

事例のポイント

病気の進行により、思うように身体が動かなくなり、一時は暗い気持ちになっていました。しかし、適切な治療や訪問リハビリテーションの日常生活動作訓練などによって、徐々に行動範囲を広げ、日常生活を取り戻していきました。

10か月後に控える孫娘の結婚式に**車いすを使用しないで出席したいという前向きな希望**が、歩行の不安定さなどを改善していくモチベーションになっています。**セルフケア、夫による協力**も積極的に活用していった事例です。

書き方のポイント

本事例では、利用者も利用者を支える夫も課題を認識し、それを解決しようとする意向があります。介護予防サービスだけでなく、本人ができること（セルフケア）、夫が協力できること（インフォーマルサポート）を位置づけることが重要です。

ただし、本人が意欲的であるからといって、「できるだけやる」「可能な限りやる」といった曖昧で本人任せともとらえられるような書き方はしません。具体的に何を、いつやるのかがわかるように支援計画に位置づけます。

●基本チェックリスト

No.	質問項目	回　答：いずれかに○をお付け下さい	
1	バスや電車で 1 人で外出していますか	0. はい	(1. いいえ)
2	日用品の買い物をしていますか	(0. はい)	1. いいえ
3	預貯金の出し入れをしていますか	(0. はい)	1. いいえ
4	友人の家を訪ねていますか	0. はい	(1. いいえ)
5	家族や友人の相談にのっていますか	(0. はい)	1. いいえ
6	階段を手すりや壁をつたわらずに昇っていますか	0. はい	(1. いいえ)
7	椅子に座った状態から何もつかまらずに立ち上がっていますか	0. はい	(1. いいえ)
8	15 分位続けて歩いていますか	0. はい	(1. いいえ)
9	この 1 年間に転んだことがありますか	(1. はい)	0. いいえ
10	転倒に対する不安は大きいですか	(1. はい)	0. いいえ
11	6 ヵ月間で 2 〜 3kg 以上の体重減少がありましたか	1. はい	(0. いいえ)
12	身長　157　cm　　　体重　47　kg　　（BMI＝　19.07　　　）　（注）		
13	半年前に比べて固いものが食べにくくなりましたか	1. はい	(0. いいえ)
14	お茶や汁物等でむせることがありますか	1. はい	(0. いいえ)
15	口の渇きが気になりますか	1. はい	(0. いいえ)
16	週に 1 回以上は外出していますか	(0. はい)	1. いいえ
17	昨年と比べて外出の回数が減っていますか	(1. はい)	0. いいえ
18	周りの人から「いつも同じ事を聞く」などの物忘れがあると言われますか	1. はい	(0. いいえ)
19	自分で電話番号を調べて、電話をかけることをしていますか	(0. はい)	1. いいえ
20	今日が何月何日かわからない時がありますか	1. はい	(0. いいえ)
21	（ここ 2 週間）毎日の生活に充実感がない	1. はい	(0. いいえ)
22	（ここ 2 週間）これまで楽しんでやれていたことが楽しめなくなった	1. はい	(0. いいえ)
23	（ここ 2 週間）以前は楽にできていたことが今はおっくうに感じられる	1. はい	(0. いいえ)
24	（ここ 2 週間）自分が役に立つ人間だと思えない	1. はい	(0. いいえ)
25	（ここ 2 週間）わけもなく疲れたような感じがする	(1. はい)	0. いいえ

（注）BMI= 体重（kg）÷身長（m）÷身長（m）が 18.5 未満の場合に該当とする

●介護予防サービス・支援計画書

No. 5

利用者名 静岡 観月 様 認定年月日 令和6年 5月 25日

計画作成者氏名 鈴木 祐子

計画作成（変更）日 令和6年 6月 6日（初回作成日 令和6年 6月 6日）

目標とする生活

1日	1日1回は夫と外を歩く（10分）。

アセスメント領域と 現在の状況	本人・家族の 意欲・意向	領域における課題 （背景・原因）
（運動・移動について） ・歩行が不安定で、平らな道でもつまずくことがある。 ・5分以上の連続歩行をするとバランスを崩しやすい。	本人： 転びたくはないけど、もっと歩けるようになりたい。 夫： もう少し遠くまで外出できるようになってほしい。	■有 □無 ・パーキンソン病のため身体のバランスが不安定で、動作がスムーズに行えない。
（日常生活（家庭生活）について） ・身のまわりのこと（整容、着替え等）はできる。 ・掃除・洗濯・調理等の家事は夫と協力して行っている。	本人： 家事は、夫と協力してできている。 夫： 家事は慣れてきたので、引き続き行いたい。	□有 ■無
（社会参加、対人関係・コミュニケーションについて） ・夫をはじめ、同市内に住む長女家族や次女家族とかかわりがあり、よい付き合いをしている。	本人： 長女家族や次女家族にたまに会うのがよい気分転換になっている。 夫： 孫の成長を夫婦で楽しみにしている。	□有 ■無
（健康管理について） ・夫、長女・次女が通院介助をして、受診できている。 ・服薬はできている。	本人： 今後も服薬の管理は確実に行っていく。 夫： 通院介助など、負担はない。	□有 ■無

| 初回・紹介・継続 | 認定済・申請中 | 要支援1 要支援2 | 地域支援事業 |

認定の有効期間　令和6年　　4月 20日 ～ 令和7年 4月 30日

委託の場合：計画作成者事業者・事業所名及び所在地（連絡先）

担当地域包括支援センター：　　○○○○地域包括支援センター

| 1年 | 孫娘の結婚式で、お色直し時の付き添いをする約束を果たす。 |

総合的課題	課題に対する目標と具体策の提案	具体策についての意向 本人・家族
身体のバランスが不安定で、歩行姿勢や歩行に不安定さ等がある。	【目標①】令和6年6月8日～令和6年11月30日 15分以上歩いてもふらつかない。 【具体策】 ①1日1回、ストレッチ・リハビリテーション体操をする（本人）。 ②毎日散歩に行く（本人・夫）。 ③日常生活のなかでの身体の使い方の訓練（助言）、体幹および下肢筋力強化のトレーニング・歩行訓練（介護予防訪問リハビリテーション）。	本人： ・孫との約束を果たすために頑張りたい。 ・15分ほど歩くと、幼なじみが経営する八百屋があるので、買い物に行けるようになりたい。 ・夫と2人で暮らしていきたいから弱音は言っていられない。 夫： ・散歩は自分のためにもなるので、一緒に続けたい。 ・妻の役に立てているのがうれしい。これからも夫婦で協力しながら生活していく。

目標	支 援 計 画	
	目標についての 支援のポイント	本人等のセルフケアや家族の 支援、インフォーマルサービス （民間サービス）
提案どおり。	日によって、身体のこわばり等があり、歩行時にバランスを崩す可能性があることに留意する。	**本人：** １日１回、ストレッチ・リハビリテーション体操をする。 **本人・夫：** 散歩に行く（毎日１０分以上）。

健康状態について

□主治医意見書、健診結果、観察結果等を踏まえた留意点

> パーキンソン病により、身体のバランスの悪さや動きづらさがあるため、転倒の危険性があります。
> 　令和６年５月２４日　○○クリニック△△医師

【本来行うべき支援が実施できない場合】
妥当な支援の実施に向けた方針

基本チェックリストの（該当した質問項目数）／（質問項目数）を記入して下さい。

地域支援事業の場合は必要な事業プログラムの枠内の数字に○印をつけて下さい。

	運動不足	栄養改善	口腔内ケア	閉じこもり 予防	物忘れ予防	うつ予防
予防給付または 地域支援事業	5/5	0/2	0/3	0/1	0/3	1/5

介護保険サービス 又は地域支援事業 (総合事業のサービス)	サービス 種別	事業所 (利用先)	期間
①リハビリテーション体操の指導。 ②体幹および下肢筋力強化のトレーニング・歩行訓練。 ③日常生活動作練習（週1回　火　10：00～11：00）。	介護予防訪問リハビリテーション	○○訪問リハビリテーションクリニック	令和6年6月8日～令和6年11月30日

総合的な方針：生活不活発病の改善予防のポイント

転倒に留意し、足の筋力をつけ、歩行距離を伸ばしましょう。
そして、以前のように外出を楽しみましょう。

計画に関する同意

地域包括支援センター ※委託の場合	【意見】

上記計画について、同意いたします。

令和6年　6月　7日　氏名　静岡観月

軽度の認知障害による自己管理の難しさ
から、糖尿病や高血圧の悪化が懸念され、
介護付き有料老人ホームに入所した事例

事例概要

福島　桃子さん（女性）

73歳、要支援2、長女家族（長女：48歳、孫：高校生17歳・中学生14歳）
と四人暮らし。

※指定居宅介護支援事業者が地域包括支援センターから委託を受けている
ケース

- 既往歴として糖尿病、高血圧、軽度の認知障害あり。身のまわりのことは自立しているが、服薬管理や食事のコントロールができない。
- 車を使用して外出してしまうこともある（家族は危険なので、免許を返納するよう言っているが、注意しているから大丈夫と応じない）。
- 長女は、不規則勤務で夜勤も行っている。そのため、孫が家事や祖母の見守り支援をしていた（ヤングケアラーの疑い）。認知障害の進行と体調の悪化に伴い、介護付き有料老人ホームへ入所となる。

事例のポイント

　軽度の認知障害のため、服薬や食事のコントロールができず、糖尿病・高血圧の悪化が懸念され、**医療的な管理が必要な状態**です。

　軽度の認知障害が認められますが、本人に自覚がなく危険行動（車の運転）があり、目が離せない状況でもあります。

　長女の就労により、孫への負担が大きく、時折、学校を休むことや友達と遊ぶのを断ることがあります。

　こういった状況から、利用者が在宅生活を続けるのは難しいと判断し、介護付き有料老人ホーム（介護予防特定施設入居者生活介護）を活用して、自立を図った事例です。

書き方のポイント

　「アセスメント領域と現在の状況」では、できないことだけでなく、できないことであっても、どのような助けがあればできるのか、という視点で現状を把握します。施設に入所したとしても、本人ができることは多くあります。

　本事例では医学的な管理が必要なことから、医師・薬剤師による介護予防居宅療養管理指導を導入しました。また、本人・家族が病気への理解を深めるという意味でもセルフケア、インフォーマルサポートを位置づけることは重要です。

● **基本チェックリスト**

No.	質問項目	回　答：いずれかに〇をお付け下さい	
1	バスや電車で 1 人で外出していますか	0. はい	**1. いいえ**
2	日用品の買い物をしていますか	0. はい	**1. いいえ**
3	預貯金の出し入れをしていますか	0. はい	**1. いいえ**
4	友人の家を訪ねていますか	0. はい	**1. いいえ**
5	家族や友人の相談にのっていますか	0. はい	**1. いいえ**
6	階段を手すりや壁をつたわらずに昇っていますか	0. はい	**1. いいえ**
7	椅子に座った状態から何もつかまらずに立ち上がっていますか	0. はい	**1. いいえ**
8	15 分位続けて歩いていますか	0. はい	**1. いいえ**
9	この 1 年間に転んだことがありますか	1. はい	**0. いいえ**
10	転倒に対する不安は大きいですか	1. はい	**0. いいえ**
11	6 ヵ月間で 2 〜 3kg 以上の体重減少がありましたか	1. はい	**0. いいえ**
12	身長　150　cm　　　体重　63　kg　（BMI=　28　）（注）		
13	半年前に比べて固いものが食べにくくなりましたか	1. はい	**0. いいえ**
14	お茶や汁物等でむせることがありますか	1. はい	**0. いいえ**
15	口の渇きが気になりますか	**1. はい**	0. いいえ
16	週に 1 回以上は外出していますか	**0. はい**	1. いいえ
17	昨年と比べて外出の回数が減っていますか	**1. はい**	0. いいえ
18	周りの人から「いつも同じ事を聞く」などの物忘れがあると言われますか	**1. はい**	0. いいえ
19	自分で電話番号を調べて、電話をかけることをしていますか	0. はい	**1. いいえ**
20	今日が何月何日かわからない時がありますか	**1. はい**	0. いいえ
21	（ここ 2 週間）毎日の生活に充実感がない	1. はい	**0. いいえ**
22	（ここ 2 週間）これまで楽しんでやれていたことが楽しめなくなった	1. はい	**0. いいえ**
23	（ここ 2 週間）以前は楽にできていたことが今はおっくうに感じられる	1. はい	**0. いいえ**
24	（ここ 2 週間）自分が役に立つ人間だと思えない	1. はい	**0. いいえ**
25	（ここ 2 週間）わけもなく疲れたような感じがする	1. はい	**0. いいえ**

（注）BMI= 体重（kg）÷身長（m）÷身長（m）が 18.5 未満の場合に該当とする

●介護予防サービス・支援計画書

No. 6

利用者名	福島　桃子	様	認定年月日	令和6年　9月　25日

計画作成者氏名　石川　真由（福井　二郎）

計画作成（変更）日　令和6年　9月　26日（初回作成日　令和6年　6月　16日）

目標とする生活

1日	ベッド周囲の片づけをする。中庭を散歩する。

アセスメント領域と 現在の状況	本人・家族の 意欲・意向	領域における課題 （背景・原因）
（運動・移動について） ・屋内は、杖等を使用せず歩行が可能。 ・歩行時にふらつくことがある。	本人： ふらつくことはあるが、杖等を使わず、自分で歩いて移動している。孫と一緒に温泉旅行に行きたい。	■有　□無 ・歩行時にふらつきがあり、転倒の可能性がある。 ・施設入所に伴い活動量が減っている。
（日常生活（家庭生活）について） ・自室の掃除や洗濯は自分で行っている。	本人： 身のまわりのことは自分でできる状態でいたい。 長女： 整理整頓が苦手なので、時々確認してほしい。	□有　■無
（社会参加、対人関係・コミュニケーションについて） ・一人で過ごすことを好むため、職員とは話をするが、ほかの入居者との会話はほとんどない。	本人： 職員さんや面会に来る家族とお話できるので、十分。	□有　■無
（健康管理について） ・体重が増加している（63kg、BMI28）。 ・施設の食事以外に間食をしている。	本人： 入院せず過ごしたい。 長女： 薬の管理をしてもらい、病状が悪化しないようにお願いしたい。	■有　□無 ・糖尿病、高血圧があり、医学的な管理が必要な状況。 ・施設の食事以外に、家族からの差し入れ（おやつ）があるなど、食事の調整なども必要。

初回・紹介・⟨継続⟩	⟨認定済⟩・申請中	要支援1・⟨要支援2⟩	地域支援事業

認定の有効期間　令和6年 10月　1日　～　令和7年　9月 30日

委託の場合：計画作成者事業者・
事業所名及び所在地（連絡先）　○○ケアプランセンター　○○市○○

担当地域包括支援センター：　介護の未来地域包括センター

1年	長女家族と箱根に温泉旅行に行く（令和7年3月）。

総合的課題	課題に対する目標と具体策の提案	具体策についての意向 本人・家族
①糖尿病、高血圧の悪化を防ぐために、食事について見直す必要がある。	【目標①】令和6年10月1日～令和7年4月30日 提供された食事以外のおやつ等は控え、半年で体重を3kg減らす。 【具体策】 ①診察・処方、生活上の指導・助言（介護予防居宅療養管理指導（訪問診療））。 ②服薬管理、生活上の指導・助言（介護予防居宅療養管理指導（在宅患者訪問薬剤管理指導））。 ③糖尿病食の提供（介護予防特定施設入居者生活介護）。 ④施設から提供された食事以外のおやつ等は控える（本人）。 ⑤差し入れは控える（長女、孫）。	【目標①】 本人： 病気が悪くなるのは困るけど、食べることが何よりの楽しみなので、娘や孫がせっかく持って来てくれた物が食べられなくなるのは嫌です。体重も減らす努力はするが、3kgは無理だと思う。 長女： 元気でいてほしいので差し入れは控えます。
②歩行時にふらつきがあるため、転倒の心配があります。	【目標②】令和6年10月1日～令和7年4月30日 ふらつかずに施設内を歩くことができる。 【具体策】 ①食前に、中庭の散歩を行う（本人）。 ②テレビを見ながらかかと上げ体操を行う（本人）。 ③集団体操に参加する（本人、介護予防特定施設入居者生活介護）。	【目標②】 本人： 自分で歩いて移動できる状態を維持したい。①～③の運動もしてみようと思う。 長女： 面会に来たときは、一緒に散歩したいと思います。

目標	支　援　計　画	
	目標についての 支援のポイント	本人等のセルフケアや家族の 支援、インフォーマルサービス （民間サービス）
①提供された食事以外の食べ物は控え、体重を2kg減らす（63kg→61kg）。	【目標①】 ①食事量や体重の推移の確認を行う（介護職員・看護師）。 ②低血糖症状には注意する（介護職員・看護師）。 ③医学的管理に関する判断に迷った際は、施設看護師に相談する（本人・長女）。	本人： ・提供された食事以外は控える。 ・手渡された薬を確実に服薬する（服薬時）。 長女、孫： ・差し入れは控える（面会時）。 ・本人から差し入れの希望があった際は、施設看護師に相談する。
②提案どおり。	【目標②】 ①集団体操への声かけは、本人の意向を確認して行う（介護職員）。 ②不意のふらつきに備え、見守りを行う（介護職員）。 ③面会時に、散歩を行う（長女・孫）。	本人： ・居室の動線上の整理整頓をする（週2回（水・土））。 ・中庭を散歩する（食前）。 ・テレビを見ながらかかと上げ体操を行う（1日3回）。 ・集団体操に参加する。 長女、孫： ・施設周辺を一緒に散歩する（面会時）。

健康状態について
□主治医意見書、健診結果、観察結果等を踏まえた留意点

糖尿病の悪化を防止するために、確実な服薬と食事の調整が必要（令和6年9月10日○○クリニック）。

【本来行うべき支援が実施できない場合】
妥当な支援の実施に向けた方針

基本チェックリストの（該当した質問項目数）／（質問項目数）を記入して下さい。
地域支援事業の場合は必要な事業プログラムの枠内の数字に○印をつけて下さい。

	運動不足	栄養改善	口腔内ケア	閉じこもり予防	物忘れ予防	うつ予防
予防給付または地域支援事業	3/5	1/2*	1/3	0/1	3/3	0/5

＊基本チェックリスト No.12 の BMI について、25 以上（肥満）も該当として考えています。

介護保険サービス 又は地域支援事業 (総合事業のサービス)	サービス 種別	事業所 (利用先)	期間
①診察・処方、生活上の指導・助言（医師：月2回）。 ②服薬管理、生活上の指導・助言（薬剤師：月2回）。 ③糖尿病食の提供、食事量の確認（介護職員：食事提供時）。 ④体重測定（看護師：月1回）。 ⑤食後、薬を手渡す（介護職員：服薬時）。	①介護予防居宅療養管理指導（訪問診療） ②介護予防居宅療養管理指導（在宅患者訪問薬剤管理指導） ③～⑤ 介護予防特定施設入居者生活介護	①○○クリニック ②★薬局 ③■有料老人ホーム	令和6年10月1日～ 令和7年4月30日
・集団体操への声かけ（介護職員：運動時）。	介護予防特定施設入居者生活介護	■有料老人ホーム	令和6年10月1日 ～令和7年4月30日

総合的な方針：生活不活発病の改善予防のポイント

支援チームは、食事量や体重の推移等体調の変化に留意し、体調の悪化が認められた際は、速やかに医師に報告をします。また、転倒にも留意し、不意のふらつきに備え、見守りを行います。

計画に関する同意

上記計画について、同意いたします。

令和6年　9月　28日　氏名　福島　桃子

地域包括支援センター ※委託の場合	【意見】 石川　真由

● ── おわりに ── ●

　さあ、2024（令和6）年度がスタートしました。日本における「2040年問題」が
リアルに想像できる状況となってきました。このような社会のなかで「予防」は非常に
大切であり、この「予防」の取り組みによって、日本のシニア社会の絵は違うものにな
ると推察されます。そのような意味で、介護予防ケアマネジメントにかかる期待は非常
に大きいものであり、日本の未来への影響も少なくないものと認識しています。

　居宅ケアプラン・施設ケアプランと続き、いよいよ介護予防ケアプランについて刊行
することができました。本書を執筆するにあたり、国の通知文を全面的に読み、前向き
にとらえ、そこからくみ取れることについて、何か月も向き合いました。現在の状況と
比較しながら現実に寄り添った形にするという「進化」も意識しました。

　介護予防も居宅も施設もケアマネジメントの原理・原則は同様です。本質的には変わ
りありません。ただし、介護予防支援の重要性は、増していきます。
　本書が、専門職の「たたき台」になることを心から願っています。時代の変化は想像
を絶するものであり、本音を言えば5年後すら見えない時代です。だからこそ、固定
化することを危惧し、勇気をもって、変化し、前進する。ここから先は、専門職の皆さ
んにバトンタッチします。

　最後になりますが、『居宅ケアプランの書き方』から本書までチームメンバーであっ
た牛山絵梨香さん。足かけ5年にもわたりチームでした。このチームは、ここで一区
切りとなりますが、先に待つ嬉しい未来に心からの祝福、そして、心からの感謝を送り
ます。いつかどこかで縁とタイミングが合えば、また、チームを組みましょう。

2024（令和6）年6月

阿部　充宏

● 著者紹介

阿部　充宏（合同会社介護の未来　代表）

社会福祉法人に25年勤務し、法人事業部長や特別養護老人ホーム施設長を経て、2015年に合同会社介護の未来を興し、以降、現職。2016年よりケアプラン点検事業の業務委託を受け、2024年現在、17保険者（神奈川県・岩手県・福島県・山形県・静岡県・新潟県）で、年間約600人のケアプラン点検を実施している。また、指定市町村事務受託法人として、年間100事業所（6市町村）の運営指導を行っている。さらに、【未来塾】を主宰し、個人でも学べるセミナーや被災地支援活動を行っている（会員約1400人）。その他、一般社団法人神奈川県介護支援専門員協会元理事長（現相談役）。保有資格は、社会福祉士・介護福祉士・介護支援専門員。

主な著書として、『オリジナル様式から考えるケアマネジメント実践マニュアル（居宅編・施設編・介護予防編）』（中央法規出版）、『改訂文例・事例でわかる　居宅ケアプランの書き方——具体的な表現のヒント』（中央法規出版）、『文例・事例でわかる　施設ケアプランの書き方——具体的な表現のヒント』（中央法規出版）、『ケアプランパーフェクトガイド　第2版——令和6年度介護報酬改定対応版』（中央法規出版）、その他雑誌掲載等多数。

【介護の未来ホームページ】
https://kaigonomirai.net/

「阿部のつぶやき」
毎日更新中！

● 事例提供協力者

・池田まり

・石井真由美

・倉橋照代

・鈴木陵

・深水道子

・山本以津み

・横山まり子

（五十音順・敬称略）

文例・事例でわかる
介護予防ケアプランの書き方
個別性を引き出す表現のヒント

2024 年 7 月 15 日　発行

著　者⋯⋯⋯⋯⋯⋯⋯⋯⋯阿部 充宏

発行者⋯⋯⋯⋯⋯⋯⋯⋯⋯荘村 明彦

発行所⋯⋯⋯⋯⋯⋯⋯⋯⋯中央法規出版株式会社
〒 110-0016 東京都台東区台東 3-29-1　中央法規ビル
TEL 03-6387-3196
https://www.chuohoki.co.jp/

印刷・製本⋯⋯⋯⋯⋯⋯⋯株式会社アルキャスト

装幀・本文デザイン⋯⋯⋯Isshiki

本文イラスト⋯⋯⋯⋯⋯⋯ふるやますみ

ISBN978-4-8243-0095-9